Christjan Ladurner

Top 10 Reiseführer Gardasee

Highlights aus Kultur, Sport & Natur

TAPPEINER.

ÜBERSICHT NACH GEBIETEN

GARDA TRENTINO – TRENTO & ROVERETO

GUTSCHEINE:

RIVIERA DEI LIMONI & VALTENESI

ÜBERSICHT NACH GEBIETEN

RIVIERA DEGLI ULIVI & VERONA

ÜBERSICHT NACH GEBIETEN

ÜBERSICHTSKARTE

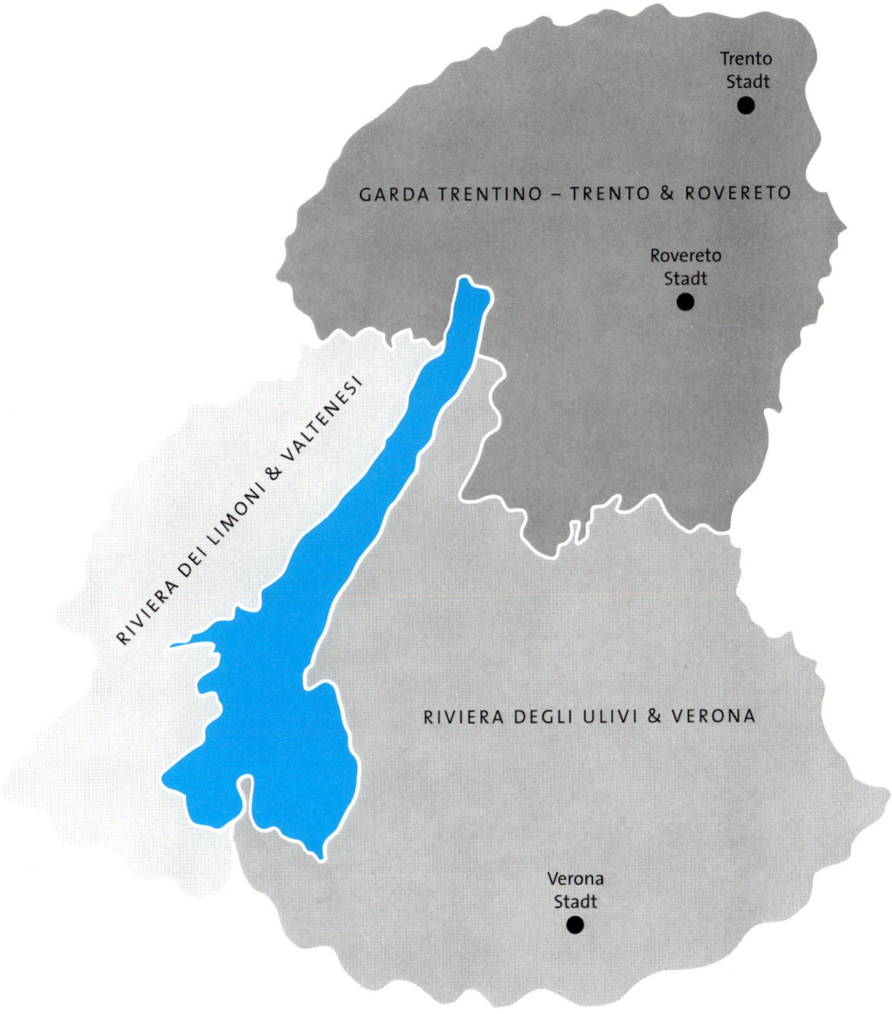

DIE AUSWAHL DER TOP 10 – HIGHLIGHTS AM GARDASEE

Dies ist ein Reiseführer mit einer ganz neuen Ausrichtung. Wir haben zehn Themenbereiche ausgewählt, von denen wir wissen, dass sie die Beliebtheit des Gardasee-Gebietes begründen:

Ob Badestrände, Bootstouren, Radwege, Wanderungen, typische Produkte des Gardasees, Malerische Orte, Parks & Sehenswürdigkeiten oder Insider-Tipps am Gardasee – es wurden die aus unserer Sicht interessantesten und für jedermann erreichbaren Ziele und Stationen ausgewählt. Dieser Gutschein-Reiseführer führt Sie zu Orten, die Sie wahrscheinlich in einem herkömmlichen Reiseführer nicht finden werden.

Die einzelnen Empfehlungen werden mit ihren Besonderheiten beschrieben und erklärt, so dass Ihnen die Auswahl besonders leicht fällt. Selbstverständlich kommen Informationen über Anfahrt, egal ob zu Fuß, mit dem Rad, mit dem PKW oder mit öffentlichen Verkehrsmitteln, nicht zu kurz, damit Sie das gewünschte Ziel schnell erreichen.

Die Auswahl der „Top 10 Highlights" für jede Kategorie des Reiseführers ist zwangsläufig selektiv, doch mit Sicherheit repräsentiert sie das Besondere zum Thema – und alle zusammen vertreten Sie das Einzigartige des Gardasees und seiner Umgebung. Sie erhalten eine Auswahl von Badestränden und Wassersport-Aktivitäten, einsamen Bootstouren, tollen Radwegen für Jedermann, einfachen und anspruchsvollen Mountainbike-Touren, Wanderungen und Klettersteigen. Weiters finden Sie Wein-Straßen inklusive Weinkellereien für Besichtigungen und Verkostungen, Agriturismus mit typischen einheimischen Produkten, Malerische Orte und einzigartige Panoramen, Vergnügungs- und Erholungsparks, sowie zahlreiche Insider-Tipps, die Ihrem Urlaub noch das Sahnehäubchen verleihen …

Die Städte Trento, Rovereto und Verona wurden ebenfalls in unserem Reiseführer aufgenommen, da dies besonders interessante Städte in der Umgebung sind und zahlreiche Sehenswürdigkeiten und Kultur- und Freizeitaktivitäten bieten. Es lohnt sich auf alle Fälle die „Tops" dieser Städte zu besuchen!

Viel Spaß beim Probieren und Erkunden! Damit Ihnen das Kennenlernen der Highlights am Gardasee noch leichter fällt, enthält dieser Reiseführer aber nicht nur zahlreiche Informationen und Insider-Tipps, sondern als besonderes Plus auch Gutscheine, die Ihr Urlaubsbudget erheblich entlasten und den Genuss dadurch noch steigern werden. Der Wert dieser Gutscheine liegt über der 1.800-Euro-Grenze.

EINLÖSUNG DER GUTSCHEINE

1. Mit dem Erwerb des „Top 10 Reiseführer Gardasee" erlangt der Käufer den Anspruch auf die Einlösung der darin enthaltenen Gutscheine. Dieser Anspruch ist unter Berücksichtigung der folgenden Einlösungsbedingungen abtretbar.
2. Die im Gutschein beschriebenen Leistungen können von den Berechtigten bis zum 31.12.2010 in Anspruch genommen werden.
3. Die Einlösungsmodalitäten des Gutscheines (wie z. B. Kombinierbarkeit oder Kumulierbarkeit mit anderen Angeboten, Vorankündigung des Wunsches der Inanspruchnahme u. ä.) müssen vor der Einlösung direkt beim Anbieter in Erfahrung gebracht werden.
   In jedem Fall muss der Anbieter vor Inanspruchnahme der beschriebenen Leistung darauf hingewiesen werden, dass ein Gutschein eingelöst werden soll. Unterbleibt dieser Hinweis, besteht keine Berechtigung zur nachträglichen Einlösung.
4. Der Gutschein muss mitsamt dem Führer und als Teil desselben dem Anbieter vorgelegt werden und darf erst vor Ort vom Anbieter durch Abstempeln des Gutscheines entwertet werden. Ein vom Führer losgetrennter Gutschein ist ungültig und gibt kein Anrecht auf Inanspruchnahme der darin beschriebenen Leistung.
5. Bei den Gutscheinen und Tipps handelt es sich um bezahlte Inserate. Für den Inhalt des Gutscheines bzw. des Tipps und die Einlösung desselben bzw. die Erbringung oder Nicht-Erbringung oder Art und Umfang der darin beschriebenen Leistungen ist ausschließlich der jeweilige Anbieter verantwortlich. Der Anbieter hat sich vertraglich verplichtet, den Tappeiner Verlag von jeglicher diesbezüglicher Verantwortung zu befreien und schadlos zu halten. Sollten Streitigkeiten bezüglich der Einlösung des Gutscheines, der Erbringung oder Nicht-Erbringung – auch durch Betriebsschließung o. ä, durch höhere Gewalt oder Zufall – der darin oder in einem Tipp beschriebenen Leistungen entstehen, können die entsprechenden Forderungen nur direkt gegenüber dem Anbieter geltend gemacht werden. Eine Barablöse des Gutscheines ist ausgeschlossen.
6. Der Tappeiner Verlag übernimmt keine Haftung für etwaige Druck- oder Satzfehler, für die Richtigkeit oder Vollständigkeit der im Gutschein oder im Tipp enthaltenen Angaben. Ebenso übernimmt der Verlag keine Haftung für sämtliche in den Gutscheinen oder Tipps angegebenen Texte, Bilder, Adressen, Internet-Links und sonstigen Daten. Für den Inhalt von Internet-Adressen sind ausnahmslos die jeweiligen Betreiber verantwortlich.

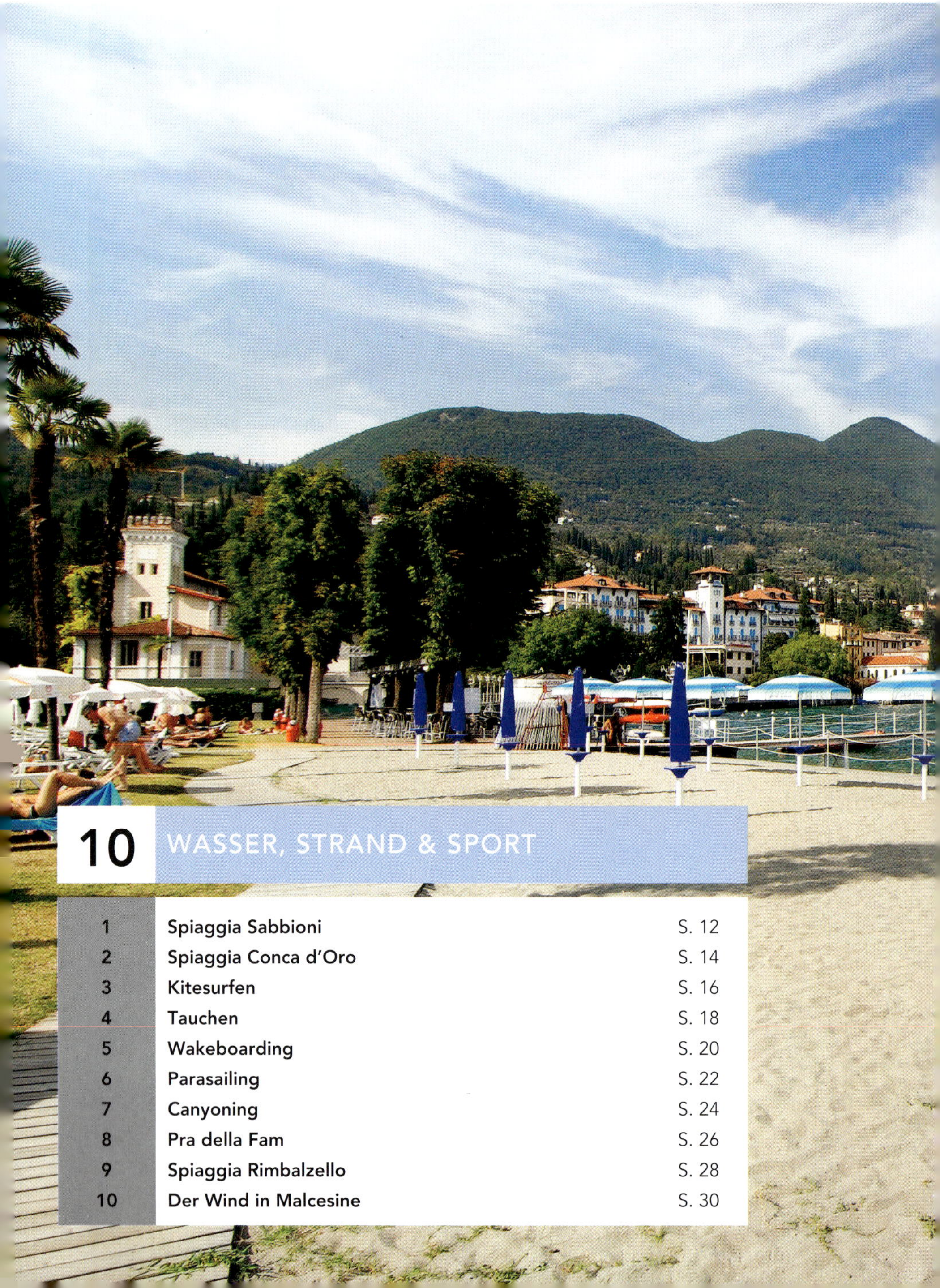

10 WASSER, STRAND & SPORT

Spiaggia Rimbalzello

1 SPIAGGIA SABBIONI

GUTSCHEINE

für dieses Gebiet
und Umgebung
siehe Seiten 232–243

RIVA – In Riva gibt es einen der größten und schönsten freien Strände des Sees. Die *Spiaggia Sabbioni* zieht sich im Anschluss an den Hafen in Richtung Torbole bis zum Monte Brione hin. Der Kiesstrand hat einen reichen Baumbestand und bietet daher viel Schatten. Künstliche Badeinseln, diverse Cafés und Eisdielen schaffen genügend Abwechslung zwischen den Badefreuden im See. Das Nordufer im Zentrum von Riva hingegen ist eher für den geübten Schwimmer geeignet, da dort das Wasser schnell tief wird.

Wie kommt man hin?

Über die Brennerautobahn, Ausfahrt Rovereto Sud – Lago di Garda Nord, in ca. 20 Minuten nach Torbole und weiter nach Riva. Gebührenpflichtige Parkmöglichkeiten gibt es direkt im Ort und am Hafen. Um Parkprobleme zu vermeiden, sollte man das Fahrrad benutzen, wenn man aus der näheren Umgebung kommt.

Spiaggia Sabbioni

Radfahren direkt am See

TOP, weil ...

das tiefe, kühle und saubere Wasser des Gardasees keine Selbstverständlichkeit ist! Es werden große Anstrengungen unternommen, den See sauber zu halten, um Schwimmern und Wassersportlern beste Wasserqualität zu garantieren.

INFO

Ingarda Trentino
Giardini di Porta Orientale 8
Riva del Garda (TN)
Tel. 0039 0464 554444
www.gardatrentinonline.it

Was wird geboten?

Es ist immer wieder etwas ganz Einmaliges früh morgens und alleine im klaren, ruhigen Wasser des Gardasees zu schwimmen. Die auf der Wasseroberfläche blitzenden Sonnenreflexe, das helle Grün der Olivenhaine, die majestätischen Berghänge, die Palmen, irgendwo eine tutende Fähre – das ist Badespaß am Gardasee. Wer an heißen Sommertagen nach Abkühlung sucht, kann das angenehme Gewässer mit seinem einzigartigen Flair so richtig genießen. All jene, die mit der etwas steileren Steinküste nicht viel anfangen können, sollten weiter nach Süden ziehen; die Strände werden dort zunehmend breiter und flacher. Nach wie vor bietet der See beste Wasserqualität. Die jüngsten Untersuchungen des Seewassers haben wieder einmal gezeigt, dass der Gardasee ideal zum Baden ist. 52 Strände erhielten besondere Auszeichnungen bezüglich Angebot, Dienstleistung, Sauberkeit und Wasserqualität.

2 SPIAGGIA CONCA D'ORO

GUTSCHEINE

für dieses Gebiet und Umgebung siehe Seiten 232–243

TORBOLE – Wenn man heute von Torbole, der Ortschaft am Nordende des Sees spricht, so wird es nicht lange dauern bis die Worte Wind und Windsurfer fallen. Am Morgen hilft ein leichter Nordwind, der *Pelér* dem Surfneuling auf die „Füße" und am Nachmittag bläst die *Ora* mit der Regelmäßigkeit eines Schweizer Uhrwerkes. Dann heißt es beim Surfen allerdings kräftig anpacken, um von einem Küstenstreifen zum anderen zu kommen!

Wie kommt man hin?

Über die Brennerautobahn, Ausfahrt Rovereto Sud – Lago di Garda Nord, in ca. 20 Minuten nach Torbole. Gebührenpflichtige Parkmöglichkeiten gibt es direkt im Ort und am Küstenstreifen. Um Parkprobleme zu vermeiden, sollte der „Nichtsurfer" vor allem aus der näheren Umgebung das Fahrrad als Verkehrsmittel in Betracht ziehen.

Torbole

Was wird geboten?

Als vor ungefähr 15 Jahren die ersten Surfer das Nordende des Gardasees entdeckten, konnte man sich kaum vorstellen, dass sich die Zahl der windfreudigen Sportler in diesem Zeitraum verdreifachen würde. Die *Spiaggia Conca d'Oro* ist inzwischen zum „Surfmekka" Europas avanciert, ein langer Küstenstreifen ist eigens für die Sportler reserviert. Surfschulen und die idealen Windverhältnisse bieten sowohl für den Anfänger als auch für den Profi genügend Abwechslung.

Doch auch der gemeine Schwimmer kann diesen Strand genießen und außerhalb der für den Surfer ausgewiesenen Zonen baden. Zudem finden Sonnenanbeter immer ein Plätzchen am Strand, nicht allzu weit entfernt von feiner Küche und allerlei Erfrischungen. Die neue Brücke über den Sarca verbindet das gesamte Ufer zwischen Torbole und Riva. Somit sind auch Spaziergänger und Radfahrer bestens bedient.

TOP, weil ...

die Spiaggia Conca d'Oro mit ihren verlässlichen Winden der beste Surf-Ort in Torbole am Gardasee und vielleicht sogar in ganz Europa ist.

INFO

Ingarda Trentino
Via Lungolago Verona 19
Torbole/Nago (TN)
Tel. 0039 0464 505177
www.gardatrentinonline.it

Windsurfen am Gardasee

3 KITESURFEN

GUTSCHEINE

für dieses Gebiet
und Umgebung
siehe Seiten 263–273

BRENZONE – Man muss weder ein Zirkusartist noch super talentiert sein, um das Kitesurfen zu lernen. Allerdings ist es ein etwas technischer Sport, der extrem vom äußeren Umfeld abhängt. Stimmen die Bedingungen wie Wind, Ausrüstung und das Lehr-Team, so beginnt der Spaß gleich schon am Anfang. Von einem Lenkdrachen gezogen erreicht man schon bei relativ niedrigen Windstärken recht hohe Geschwindigkeiten. Das sorgt für reichlich Adrenalin beim Kitesurfer und für jede Menge Unterhaltung auch bei den Zuschauern am Ufer.

Wie kommt man hin?

Man gelangt aus beiden Richtungen über die östliche Uferstraße (*Gardesana Orientale*) nach Brenzone. In Magugnano (Marniga) führt kurz vor dem Ortsende Süd eine Straße rechter Hand hinunter zum kleinen Hafen.

Kitesurfer beim Sprung

Kitesurfer in Aktion

TOP, weil ...

Brenzone die besten Bedingungen sowohl für den Kitsurfer-Neuling als auch für den Experten bietet.

INFO

Waterproof
Piazza Ferrari 1
Brenzone Frazione
Magugnano (VR)
Tel. 0039 348 2619383
www.waterproof.net

Was wird geboten?

Brenzone, ein kleiner, ursprünglicher Ort am östlichen Ufer des Gardasees, nur wenige Kilometer südlich von Malcesine, bietet optimale Bedingungen fürs Kitesurfen. Brenzone besteht aus über einem Dutzend kleiner Städtchen und Dörfer, die bis nach Prada hinaufragen, einem Hochplateau am Monte Baldo.

Das Zentrum mit der Piazza liegt direkt am See, der kleine Hafen ist die Basis für diese Sportart und zugleich Schulungszentrum.

Der See ist hier relativ breit und frei (im Gegensatz zum äußersten Norden, wo diese Sportart mittlerweile auch verboten ist), der Wind ist sehr konstant und kommt immer von der Seite, wobei er die Richtung immer zu bestimmten Uhrzeiten wechselt. Dadurch wird der Sicherheitsfaktor beim Kitesurfen entschieden erhöht. In dieser schönen Landschaft inmitten von Bergen findet sich allerdings kaum Platz für breite Strände. Daher finden alle Übungen sofort im tiefen Wasser statt. Dort entsteht auch weniger Reibung und Hindernisse gibt es auch keine. Und am Ende wird der Kitesurfer mit dem Motorboot zurück an Land gebracht.

TIPP

Club da Baia

Das kleine Boutique-Hotel liegt in wunderbarer Lage direkt am See. Modernes Ambiente und eine legere Atmosphäre spiegeln sich in allen Details wider.
In den Lounges werden mediterrane Köstlichkeiten und Fingerfood serviert.

Via 20 Settembre 52
I-37010 Brenzone
Tel. 0039 045 7420144
www.clubdabaia.com

4 TAUCHEN

GUTSCHEINE

für dieses Gebiet
und Umgebung
siehe Seiten 244–263

MONIGA – Kaum einmal wird bei einem Gardaseeurlaub Langeweile aufkommen. Neben den unzähligen „Überwasserangeboten" gibt es natürlich auch die Möglichkeit, den See unter Wasser zu erkunden. Steilwände, Grotten, tiefe Gräben, Bootswracks und Hechtschwärme machen den Gardasee zu einem interessanten Revier für Taucher aller Erfahrungsstufen. Besonders reizvoll ist ein Tauchausflug im Frühjahr und Herbst. Im Sommer ist die sonst gute Sicht durch die Algenblüte etwas eingeschränkt.

Wie kommt man hin?

An der südlichen Landstraße des Gardasees in Moniga Richtung Porto abbiegen. Großer Parkplatz vorhanden. Zu Fuß gelangt man in wenigen Minuten zum See.

Bottatrice

Was wird geboten?

Rund um den See gibt es mehrere Tauchbasen, die Kurse und geführte Tauchgänge anbieten, darunter auch Nachttauchgänge oder Eistauchen im Winter. Der Gardasee bietet für alle Taucher, egal ob Anfänger oder Profi, interessante Tauchgänge bei meist sehr guter Sicht und angenehmen Temperaturen. Besonders in den Tauchschulen legt man immer noch Wert auf die individuellen Bedürfnisse. Die Gruppen werden zumeist klein gehalten; vier Personen erkunden alte Wracks, wunderschöne Steilhänge und den flacheren Bereich mit seinen vielen Fischen. Um Unfälle zu vermeiden, sind beim Tauchen im Gardasee eine rot-weiße Tauchflagge oder Signalboje und teilweise sogar ein Begleitboot vorgeschrieben. Sollte man über kein eigenes Boot verfügen, so besteht die Möglichkeit bei den Tauchbasen ein kleines Boot kostenlos zu leihen, um dann von Land aus zum Tauchen zu gehen.

TOP, weil ...

Tauchen im Gardasee eine ungewöhnliche, äußerst interessante und zugleich erholsame Aktivität ist.

INFO

Diving Porto Moniga
bei Moniga Beach
da Fiore/Moniga del Garda (BS)
Tel. 0039 347 8844744,
0039 346 6156972

Madonnina Desenzano

Venere di Manerba

5 WAKEBOARDING

GUTSCHEINE

für dieses Gebiet
und Umgebung
siehe Seiten 263–273

LAZISE – Die Trendsportart Wakeboarden ist eine Kombination aus Wellenreiten und Wasserskifahren. Ursprünglich wurde bei fehlendem Wellengang das herkömmliche Surfbrett von einem Motorboot gezogen. Allerdings waren die normalen Surfbretter viel zu lang um Figuren zu springen. Daher wurden neue *Boards* entwickelt, die mehr einem Freestyle-Snowboard ähneln als einem Surfbrett. Am Gardasee haben inzwischen einige Surfschulen diese recht neue Sportart in ihr Programm aufgenommen.

Wie kommt man hin?

Von Torbole über die östliche Uferstraße (*Gardesana Orientale)* nach Lazise oder von der Autobahnausfahrt Affi zuerst nach Garda und dann weiter über Bardolino nach Lazise.

Was wird geboten?

Der Gardasee bietet aufgrund seiner geografischen Besonderheiten perfekte Bedingungen für alle Wassersportbegeisterten. Im Süden ist der See relativ breit und frei, deshalb

Elegante Figuren

Tollkühne Sprünge

TOP, weil ...

Wakeboarding das Angebot der Wassersportarten am See abrundet, weil es relativ einfach zum Erlernen ist und einen ordentlichen „Adrenalinkick" vermittelt.

INFO

Water Ski Center
bei Camping Serenella
Bardolino (VR)
Tel. 0039 335 6129077
www.waterskigardalake.com

eignet er sich besonders gut zum Wakeboarden. Nun, was genau ist Wakeboarden? Einfach ausgedrückt: Snowboarden auf dem Wasser. Der Bewegungsablauf ist dem Snowboarden sehr ähnlich, der Boarder steht wie beim Snowboard seitlich zur Fahrtrichtung und wird von einem eigens fürs Wakeboarding gebauten Boot gezogen. Der Name kommt von der vom Motorboot erzeugten, künstlichen Welle, der so genannten „Wake", die die Wakeboarder als Schanze benutzen, um ihre Figuren zu springen. Eine faszinierende Sportart! In scheinbar atemberaubendem Tempo über das Wasser zu gleiten, ist ein wirklich außergewöhnliches Erlebnis. Vor allem die Neulinge dieses Sportes erleben schon nach wenigen Minuten rasanter Fahrt einen unvorstellbaren Geschwindigkeitsrausch und sind zumeist erstaunt, wie einfach diese Sportart zu erlernen ist.

6 PARASAILING

GUTSCHEINE

für dieses Gebiet und Umgebung siehe Seiten 263–273

BARDOLINO – Es ist nicht jedermanns Sache auf einem steilen Berghang Anlauf zu nehmen, um sich dann kurz vor dem Abgrund mit Hilfe des Gleitschirms in die Lüfte zu schwingen. Etwas einfacher, aber trotzdem aufregend genug, geht das *Parasailing* vor sich. Ein Motorboot übernimmt den „Anlauf" und schon hängt man hinter dem Boot 50 m hoch in der Luft, natürlich mit umgeschnalltem Fallschirm und der Ausblick auf den See ist einfach phantastisch!

Wie kommt man hin?

Von Norden kommend über die östliche Uferstraße (*Gardesana Orientale*) nach Bardolino oder von der Autobahnausfahrt Affi zuerst nach Garda und dann weiter nach Bardolino. Parkmöglichkeiten (gebührenpflichtig) neben der Kirche San Severo. Busse pendeln stündlich zwischen Verona und Garda, Fähren starten etwa stündlich gegen Norden und Süden.

Kurz vor dem Abheben

Der Flug als purer Genuss

TOP, weil ...

Parasailing ohne viel Zutun so richtig das Gefühl des Fliegens vermittelt und sich zudem aus 50 m Höhe neue Horizonte öffnen.

INFO

Water Ski Center
bei Camping Serenella
Bardolino (VR)
Tel. 0039 335 6129077
www.waterskigardalake.com

Was wird geboten?

Einmal wie ein Vogel fliegen, von der Schwerkraft gelöst hoch über den Dingen schweben – was Ikarus mit wenig Erfolg versucht hat, gelingt am Gardasee mit hundertprozentiger Sicherheit. Völlig gefahrlos, in großem Sicherheitsabstand zur Sonne, mit grandioser Aussicht und vielleicht ebenso grandioser Einsicht. Sich trauen heißt in diesem Fall – auf andere hinunterschauen! Das Motorboot zieht den Fallschirm, der Fallschirmflieger braucht rein gar nichts zu tun. Bis auf eines: Den Fallschirmflug so richtig genießen ... In Bardolino, dort wo der See schön breit ist und keine Hindernisse den Flug beeinträchtigen, bieten sich die besten Möglichkeiten zum *Parasailing*. Gestartet wird direkt vom Motorboot, die Landung erfolgt ganz einfach am Strand oder im Wasser. Eine prickelnde Sache für alle, die die Lüfte lieben!

7 CANYONING

GUTSCHEINE

für dieses Gebiet
und Umgebung
siehe Seiten 244–263

Canyoning ist eine Abenteuersportart, bei der versteckte Bäche und Flüsse, die zumeist zwischen hohen Steilwänden liegen, begangen werden.
Abenteuerliche Abseilfahrten in die Schlucht und über Steilstufen gehören genauso dazu wie gewagte Sprünge von kleinen Kanzeln hinunter in die tiefen, über Jahrmillionen vom Wasser geschliffenen Steinbecken. Am Gardasee liegen die dazu geeigneten Flüsse im Hinterland des westlichen Seeufers, in Toscolano Maderno, Tignale, Tremosine und in Campione wie auch auf Trentiner Gebiet, in Riva del Garda und in der Val di Ledro (Ledrotal). Aber auch der Monte Baldo bietet einiges in der Gegend um San Zeno di Montagna.

Wie kommt man hin?

Anfahrtsrouten je nach Gebiet und Canyoning-Zentrum.

Abseilen beim Canyoning

Was wird geboten?

Canyoning, das ist Abseilen, Klettern, Rutschen, Springen, Schwimmen oder Tauchen in und durch wunderschöne Schluchten mit kristallklarem Wasser und imposanten Wasserfällen. Es ist Abenteuer und Naturerlebnis zugleich, und es braucht dazu eine gehörige Portion Teamgeist und gegenseitiges Vertrauen. Die steilen Berge im Norden und Nordwesten des Sees bieten unzählige Möglichkeiten für diese Erlebnissportart, bei der man unerreichbar geglaubte Winkel der Gardaseelandschaft entdecken kann. Mehrere Canyoning-Zentren bieten geführte Touren für Anfänger oder Könner jeder Altersstufe. Die Selbstüberwindung vor dem Sprung ins tiefe Wasserbecken, das Abseilen im Wasserfall, die Freude, nach besonders engen Stellen wieder einen Sonnenstrahl im Gesicht zu spüren, das schaurige Gefühl während der Abseilfahrt in einen besonders tiefen Abgrund und das freudige Gefühl nach einer Abfahrt über eine Naturrutsche ins Wasser zu plumpsen – all dies sollte man sich wirklich nicht entgehen lassen!

TOP, weil ...

Canyoning eine Welt eröffnet, die man ansonsten nie zu Gesicht bekommen würde. Zudem ist Canyoning eine großartige Möglichkeit der Sommerhitze zu entfliehen!

INFO

Liberavventura
Tel. 0039 335 8239808
www.liberavventura.it

Rutschen beim Canyoning

8 PRA DELLA FAM

GUTSCHEINE

für dieses Gebiet
und Umgebung
siehe Seiten 244–263

TIGNALE – *Pra della Fam* (Hungerwiese) heißt ein kleiner Küstenstreifen im Hafengebiet von Tignale. Entstanden ist dieser kleine Strand, der direkt neben der Uferstraße liegt, durch den Wildbach Baes. *Pra della Fam* liegt eingeschlossen zwischen den hohen Felsen im Hintergrund und dem Wasser des Gardasees.

Wie kommt man hin?

Anfahrt über die westliche Uferstraße (*Gardesana Occidentale*). Durch den Tunnel bei Campione, kurz danach Einfahrt zum Hafen (gefährliche Abzweigung). Besser zuerst direkt bei dem Zitronengewächshaus parken, um sich kurz zu orientieren.

Pra della Fam

Freestyle – Windsurfer beim Sprung

TOP, weil ...

dieser winzige Strand mit Hafen und Limonaia ganz einfach die perfekte Idylle am See ist. Zudem ein geeigneter Platz zum Freestyle-Windsurfing.

INFO

Pradelafam
Porto di Tignale (BS)
www.pradelafam.net

Was wird geboten?

Ein Schriftsteller aus dem 15. Jahrhundert, Silvan Cattaneo aus Salò, erzählt: „Dieser Ort erhielt den Namen dadurch, dass starke und oft unvorhergesehene Winde auf dem See die Seefahrer und Fischer zu einem ein- oder zweitägigen Aufenthalt an diesem geschützten Platz zwangen. Wer ohne Proviant unterwegs war, musste hungern, weil die Hochfläche von Tignale zur Beschaffung von Lebensmitteln damals nur schwer über die Felswand zu erreichen war". Heute wird der starke Nordwind, der *Vento Pelér*, von den Windsurfern freudig begrüßt. Er treibt eine wunderschöne Welle schräg zum etwa 50 m langen Uferstreifen heran, der dadurch zum schönsten Freestyle-Windsurfing-Platz am See wird. Der schmale Küstenstreifen beherbergt auch ein Zitronengewächshaus aus dem 18. Jahrhundert, die sogenannte Limonaia. Das Gewächshaus ist eines der wenigen, die auch heute noch bewirtschaftet werden, wenn auch nur zu didaktischen Zwecken. Ganz in der Nähe befindet sich der Hafen von Tignale, Anlegeplatz für Segel- und Motorboote.

9 SPIAGGIA RIMBALZELLO

GUTSCHEINE

für dieses Gebiet und Umgebung siehe Seiten 244–263

BARBARANO DI SALÒ – Die *Spiaggia* (Strand) *Rimbalzello* befindet sich am südlichen Ortsende von Gardone Riviera. Um den gut gepflegten Küstenstreifen mit seiner Vielfalt an möglichen Aktivitäten nutzen zu können, muss man Eintritt bezahlen. Öffentliche und frei zugängliche Strände sind an dieser Ecke des Sees eher die Ausnahme.

Wie kommt man hin?

Über die westliche Uferstraße (*Gardesana Occidentale)* nach *Barbarano di Salò*. Busse pendeln mehrmals täglich zwischen Brescia, Salò und dem Norden des Sees. Schnellboote und Autofähren verbinden ebenfalls mehrmals täglich Riva mit Desenzano sowie die Küstenorte auf der Strecke.

Spiaggia Rimbalzello

Hochseilgarten im Abenteuerpark Rimbalzello

TOP, weil ...

die Spiaggia Rimbalzello in einer sehr schönen Umgebung viel Sport und Unterhaltung bietet.

INFO

Spiaggia Parco Rimbalzello
Via Trento 28
Barbarano di Salò (BS)
Tel. 0039 0365 20428
www.hotelristorantelepanto.it

Liberavventura
Tel. 0039 335 8239808
www.liberavventura.it

Was wird geboten?

Ein paar Euro kostet der Eintritt zu dem gut gepflegten Küstenstreifen. Dafür findet der Besucher eine attraktive Anlage vor, die neben Restaurant und Bar einen Tennisplatz, einen *Beach-Volleyplatz* und einen Kinderhort für Babys bietet. Für Kinder gibt es Schwimmunterricht. Obwohl ein Großteil der Angebote für Familien mit Kindern zusammengestellt wurde, kommen auch die Erwachsenen nicht zu kurz. Kanus und Tretboote können direkt am Strand gemietet werden. Das Tauchzentrum bietet Kurse sowohl für Anfänger als auch für Könner. Als besonderes Erlebnis gilt ein Tauchgang zum Schiffswrack von Gardone, das in 30 m Tiefe außerhalb der Mole der *Spiaggia Rimbalzello* auf Grund liegt. Der Abenteuerpark *Parco Avventura Rimbalzello*, ein Hochseilgarten mit Hindernissen, die zwischen den Bäumen verspannt sind, liefert den besonderen Nervenkitzel. Vier Parcours in unterschiedlichen Schwierigkeitsgraden sowie eine lange Seilrutsche verlangen viel Geschick und Mut.

10 DER WIND IN MALCESINE

GUTSCHEINE

für dieses Gebiet und Umgebung siehe Seiten 263–273

MALCESINE – Malcesine, am Ostufer des Gardasees gelegen, unterhalb der stattlichen, mittelalterlichen Burg der Scaliger, ist ein Paradies in Sachen Wind. Aber nicht nur der Wassersportler, der den Wind nutzt, kommt auf seine Kosten. Der elegante Ort bietet so ziemlich alles, woran sich ein Sportlerherz erfreut. Vom Wasserskifahren, Kitesurfen und Kanufahren bis zum Mountainbiken, Canyoning, Freeclimbing, Golfen und Tennis – alles ist im nahen Umfeld möglich.

Katamaran-Segler in Malcesine

Regatta Katamaran

TOP, weil ...

es keinen anderen Ort gibt, an dem das Sportangebot so perfekt und breitgefächert ist.

INFO

WWWind Square High Wind Center Malcesine
Loc. Sottodossi Malcesine (VR)
Tel. 0039 045 7400413
Mobil 0039 335 8275300
www.wwwind.it

Wie kommt man hin?

Malcesine ist sowohl von Torbole als auch von Süden her über die östliche Uferstraße (*Gardesana Orientale*) mit dem Auto erreichbar. APT-Busse pendeln stündlich zwischen Riva und Verona.

Was wird geboten?

Aus den zahlreichen Segelclubs am See sind schon viele „Spitzenskipper" hervorgegangen. Jedes Jahr werden auf dem Gardasee mehr als 90 lokale, nationale und internationale Regatten der verschiedensten Klassen ausgetragen, wovon die bekannteste die *Centomiglia* von *Bogliaco* ist. Auch wenn sich der Segelsport – wie alle anderen windabhängigen Wassersportarten – auf den nördlichen Teil des Gardasees konzentriert, hat jeder Ort am See seinen Segelclub, der Schulungen und Kurse anbietet.
In den letzten Jahren hat insbesondere das Katamaransegeln zusehends an Beliebtheit gewonnen. Die perfekte Windsituation ist den Stars unter den Winden im nördlichen Bereich des Sees zu verdanken – dem *Vento*, dem frischen Nordwind, und der *Ora*, dem warmen Südwind. Aber auch die anderen Winde des Gardasees sind nicht zu unterschätzen.

10 BOOTSTOUREN, RADWEGE & BADESTRÄNDE

Einsame Bucht

1 VON RIVA NACH LIMONE

GUTSCHEINE

für dieses Gebiet
und Umgebung
siehe Seiten 232–243

RIVA – Die *Gardesana Occidentale* ist in der Hochsaison wirklich kein Fahrgenuss und wer dann vielleicht noch anhalten möchte, um zu einem der versteckten Strände zu wandern, wird sich erst recht wundern. Wenn den Autofahrer schon kein lautstarkes Hupkonzert zum Weiterfahren aufmuntert, dann fehlt immer noch der geeignete Parkplatz. Ein Segelboot oder Katamaran schafft Abhilfe und vermittelt ganz neue Perspektiven. Ohne Hektik am Seeufer und an den verborgenen Buchten entlang gleiten und ankern, wann und wo man will.

Wie kommt man hin?

Über die Brennerautobahn, Ausfahrt Rovereto Sud – Lago di Garda Nord, in ca. 30 Minuten nach Riva. Reservierter Parkplatz beim Bootsverleih am *Porto S. Nicolò* zwischen Torbole und Riva.

TIPP

Limonaia del Castèl

Die Limonaia (Zitronengewächshaus) del Castèl befindet sich im oberen Teil der Altstadt von Limone. Geschützt von den Nordwinden und von der Gardasee-Sonne durchflutet, liegt sie eingebettet inmitten des bezaubernden Flairs des Gardasees.

Comune di Limone

Via 4 Novembre 25
I-25010 Limone sul Garda (BS)
Tel. 0039 0365 954008
www.visitlimonesulgarda.com

Einsamer Strand zwischen Riva und Limone

Was wird geboten?

Auch wenn man zu den „Nichtseglern" gehört, sollte man nicht gleich den Kopf hängen lassen, denn im *Porto S. Nicolò* gibt es allerlei interessante Angebote. Hier kann man nämlich ein Segelboot oder einen Katamaran chartern. Ein Skipper kümmert sich um all die Unannehmlichkeiten und kennt sich zudem auch noch bestens auf dem See aus. Sicherlich wartet er während des Segelns auch noch mit ein paar Geheimtipps auf. Einsame Plätzchen, die man nur vom See aus einsehen kann und die von der Straße aus recht mühevoll zu erreichen sind, gibt es ja zur Genüge zwischen Riva und Limone. Die Boote und Katamarane werden stundenweise vermietet, doch ist es sicherlich angebracht, solch ein Wasserfahrzeug mit der dazugehörigen Besatzung für mindestens einen halben Tag zu chartern, um genügend Zeit für eine „Küstenneuentdeckung" zu haben oder um vielleicht gar irgendwo vor Anker zu gehen und ein feines Mittagsmahl einzunehmen.

TOP, weil ...

die Uferlandschaft zwischen Riva und Limone vom Wasser aus gesehen jede Menge ruhige und einsame Plätzchen freigibt.

INFO

Ingarda Trentino
Giardini di Porta Orientale 8
Riva del Garda (TN)
Tel. 0039 0464 554444
www.gardatrentinonline.it

Das Städtchen Limone

2 VON TOSCOLANO ZUR ISOLA TRIMELONE

GUTSCHEINE

für dieses Gebiet und Umgebung siehe Seiten 244–263

TOSCOLANO – So manche landschaftliche Schönheit rund um den Gardasee entgeht dem gestressten Autofahrer, der kaum Zeit findet nach einem Parkplatz Ausschau zu halten, geschweige denn irgendwo anzuhalten, um die Natur am See zu genießen. Hat man einmal ein interessantes Plätzchen verpasst, so ist es zumeist schwierig auf der *Gardesana* zu wenden, um retour zu fahren. Ein Boot schafft da Abhilfe, denn das Parken wird zum Kinderspiel und viele ansonsten unerreichbare Plätzchen am Küstenstreifen zeigen sich dem Seefahrer.

Wie kommt man hin?

Von Riva über die westliche Uferstraße (*Gardesana Occidentale)* nach Toscolano-Maderno.

Isola di Trimelone

Segelboote am Westufer

TOP, weil ...

man diesen Küstenstreifen am besten und einfachsten mit dem Boot erkunden kann und die Isola Trimelone auf alle Fälle eine Umrundung wert ist.

INFO

Garda Yachting Charter
Lungolago Zanardelli
Toscolano-Maderno (BS)
Tel. 0039 0365 548347
Mobil 0039 329 4245000
www.gyc.it

Was wird geboten?

Zwischen Toscolano und Gargnano, direkt unterhalb der Gardesana, gibt es eine Reihe ruhiger, einsamer Strände und Buchten, die man genau genommen nur mit dem Boot erreichen kann. In Toscolano-Maderno kann man sich entweder ein Motor- oder ein Segelboot mieten. Mehrere Bootstypen, die weder einen Segel- noch einen Motorbootschein erfordern, stehen zur Auswahl. So kann man dann auf den Wind warten oder motorgetrieben ganz gemütlich die Küste entlang schippern, allerhand Neuland entdecken und zum Baden oder Sonnenliegen ankern, bis man auf der Höhe der *Isola Trimelone* ist. Nun muss der See gequert werden, denn die Insel liegt auf der anderen Seite. Vom 10. bis zum 12. Jahrhundert stand dort ein Kastell, vom dem allerdings nichts mehr zu sehen ist. Jammerschade, dass man das Eiland nur umrunden, aber nicht betreten kann. Vor dem Ersten Weltkrieg wurde Trimelone als Vorposten des Habsburger-Reiches genutzt, und in der Zeit des Ersten Weltkrieges wechselten sich die Militärgruppen bei der Nutzung der Insel ab. Die Überreste des von den Österreichern errichteten und massiv betonierten Waffenlagers sind heute noch zu sehen. Die Insel ist heute weitgehend entmilitarisiert und von der gelagerten Munition befreit. Obwohl man daran denkt, dort ein Museum zu errichten, ist das Betreten von Trimelone immer noch untersagt.

3 VON PUNTA S. VIGILIO NACH LAZISE

GUTSCHEINE

für dieses Gebiet
und Umgebung
siehe Seiten 263–273

PUNTA S. VIGILIO – Obwohl der Gardasee ein Mekka für den Bergradfahrer ist, tut sich der „gemeine" Radfahrer mit seinem Drahtesel im allgemeinen Verkehrsaufkommen etwas schwer. Immer wieder sieht man Radfahrer sowohl auf der *Gardesana Occidentale* wie auch auf der *Orientale*, die versuchen, den See über die Küstenstraße zu erkunden und vielleicht auch zu genießen. Zwischen der *Punta San Vigilio* in Garda und der Ortschaft Lazise hat der Radfahrer nun einen ruhigen Küstenstreifen für sich bekommen.

Wie kommt man hin?

Die Punta San Vigilio wird mit dem Auto aus beiden Richtungen über die östliche Uferstraße (*Gardesana Orientale*) erreicht. Busse pendeln jede Stunde zwischen Riva und Verona sowie Riva und Desenzano. Fähren gehen stündlich in beide Richtungen ab Garda.

Schöne Bucht entlang der Radtour

Was wird geboten?

Ein zusammenhängender Radweg entlang der Küste bringt den Radfahrer ohne Autostress von der *Punta San Vigilio* nach Garda und weiter über Bardolino nach Lazise.
Ein gemütlicher Ausflug, der auf alle Fälle mit Stopps in Bardolino und Lazise kombiniert werden sollte. In Bardolino kann man mit dem Rad bequem das Weinmuseum erreichen, und sollte man wirklich ein Gläschen zu viel verkostet haben, so bieten sich entlang des Küstenstreifens immer wieder lauschige Plätzchen zum Halten an. Außerdem finden sich viele Möglichkeiten zum Baden und Sonnenliegen.
Im Sommer ist ein früher Start anzuraten, den Tag kann man in den Ortschaften oder am Strand verbringen und am späten Nachmittag begleitet die untergehende Sonne den Radfahrer zurück zur *Punta San Vigilio*, wo er den Tag in der romantischen, rebenumrankten Bar *Il Torcolo* beenden kann. Eine Übernachtungsmöglichkeit gehobener Klasse gibt es ebenfalls auf der *Punta San Vigilio*.

Abendstimmung am Strand von Cisano

TOP, weil ...

weil es endlich einen autofreien Küstenstreifen für Radfahrer gibt, an dem darüber hinaus auch noch einiges geboten wird.

INFO

Consorzio
„Lago di Garda è ..."
Lungolago Regina Adelaide 3
Garda (VR)
Tel. 0039 045 7255279
www.lagodigarda-e.it

TIPP

Restaurant Pizzeria Amadeus

Die typische italienische Küche, die hervorragenden hausgemachten Vorspeisen, die bestens ausgewählten Fischgerichte, die traditionellen österreichischen Gerichte und die bekannten Süßspeisen werden Ihnen in der gemütlichen Atmosphäre des Amadeus serviert. Natürlich dürfen die schmackhaften Pizzen nicht fehlen.
Spezielle Stiegl-Biersorten löschen Ihren Durst, erlesene italienische und österreichische Weine und ausgesuchte Schnäpse und Grappe werden Ihren Besuch zu einem einmaligen Erlebnis machen!

Via Albarello 23
I-37017 Lazise (VR)
Tel. +0039 045 7581088
www.amadeus.vr.it
ristorante@amadeus.vr.it

4 ISOLA DEI CONIGLI

GUTSCHEINE

für dieses Gebiet
und Umgebung
siehe Seiten 244–263

SAN BIAGIO – Die Insel *San Biagio* – im Volksmund *Isola dei Conigli* genannt – ist eigentlich die Verlängerung der Halbinsel *Punta Belvedere*, auf der sich auch der Campingplatz *San Biagio* befindet. Die Insel ist von der *Punta Belvedere* aus durch knietiefes Wasser bequem zu erreichen, bei niedrigem Wasserstand sogar trockenen Fußes. Die exponierte Lage garantiert einen atemberaubenden Blick über den gesamten Gardasee.

Wie kommt man hin?

Über die Brennerautobahn bis Verona, weiter auf der A4, in Desenzano von der Autobahn ausfahren und weiter Richtung Salò. Nach ca. 15 km erreicht man Manerba. In Manerba dann am Kreisverkehr rechts ab und der Beschilderung *San Biagio* folgen.

Luftaufnahme der Isola dei Conigli

Idyllische Strände der Isola dei Conigli

TOP, weil ...

es wenig Inseln gibt, die man einfach zu Fuß erreichen kann. Und der Panoramablick über den See entschädigt für die nassen Füße!

INFO

Tourist Coop Valtenesi
Piazza Municipio 1
San Felice del Benaco (BS)
Tel. 0039 0365 558160
www.gardavaltenesi.com

Was wird geboten?

Die kleine Insel *San Biagio,* die noch in den fünfziger Jahren vom nahegelegenen Waffenhersteller *Beretta* als Schießplatz zum Testen von Waffen und Munition genutzt wurde, ist inzwischen zum beliebten Ausflugsziel aufgestiegen. Heute kann jedermann die Insel zu Fuß, mit dem Wassertaxi von *Porto Torcchio* oder mit dem eigenen Boot erreichen. Seit kurzem wird eine Besuchergebühr eingehoben; für Gäste des Campingplatzes *San Biagio* ist der Besuch der Insel aber immer noch kostenlos. Während der Sommermonate ist die *Isola San Biagio* bewirtschaftet, in unregelmäßigen Abständen werden an den Wochenenden Konzerte angeboten, die von Rock über Jazz bis hin zum klassischen Konzert alles bieten. Die Insel verfügt über sanitäre Einrichtungen. Liegestühle und Sonnenschirme können gegen eine kleine Gebühr gemietet werden. Hinwaten lohnt sich auf alle Fälle!

5 PADENGHE

GUTSCHEINE

für dieses Gebiet
und Umgebung
siehe Seiten 244–263

PADENGHE – *Padenghe sul Garda* liegt am südwestlichen Gardaseeufer in der Nähe von Desenzano und bildet den Auftakt der lieblichen Hügellandschaft des Valtenesi. Im Ort gibt es viele kleine Häuser und Gassen. Zahlreiche gemütliche Restaurants in Hafennähe sind besonders beliebt. Wer ein geruhsames Urlaubsziel zur Erholung und Entspannung sucht, der ist in *Padenghe* genau richtig.

Wie kommt man hin?

Über die Brennerautobahn bis Verona, weiter auf der A4, in Desenzano von der Autobahn ausfahren und weiter Richtung Salò.

Lido di Padenghe mit großem Badestrand

Was wird geboten?

Der Ort mit seinem Altstadtkern liegt an einer kleinen Anhöhe, auf welcher eine Festung thront. Über eine schmale Straße gelangt man in den Innenhof der Burg, in dem sich eine winzige Wohnsiedlung mit hübschen Gemüsegärten befindet. Vom Turm aus bietet sich ein unvergesslicher Blick über den Gardasee und die nahen Badestrände. Erwähnenswert ist das *Lido di Padenghe*, ein großer, freier Kies- und Sandstrand. Die Strände im südlichen Teil des Gardasees eignen sich besser zum Baden als die an den anderen Uferbereichen (Steilküste, wenig Platz). Die Landschaft im Inneren des Landes ist weitläufig und geprägt von Feldern und kleinen Hügeln. Radfahrer und Wanderer finden hier eine recht einsame und unberührte Gegend vor. Besonders in der Vor- und Nachsaison ist es auch im Ort selbst recht ruhig.

TOP, weil ...

Padenghe nicht nur einen schönen Strand, sondern auch Freizeitbeschäftigungen wie Radfahren und Wandern bietet.

INFO

Tourist Coop Valtenesi
Piazza Municipio 1
San Felice del Benaco (BS)
Tel. 0039 0365 558160
www.gardavaltenesi.com

Festung oberhalb von Padenghe

6 VON NAVENE NACH TORRI DEL BENACO

GUTSCHEINE

für dieses Gebiet
und Umgebung
siehe Seiten 263–273

NAVENE – Die beiden Küstenstraßen des Gardasees verlaufen entlang einer einzigartigen Landschaft. Eigentlich sind sie wie geschaffen zum Radfahren und zum Bummeln. Die kleinen Küstenstreifen laden immer wieder zum Halten ein. In den vielen Ortschaften, die direkt am See liegen, gibt es neben guten Restaurants und Cafés auch sonst allerhand zu entdecken.

Wie kommt man hin?

Navene liegt am Ostufer des Gardasees zwischen Torbole und Malcesine. Der Ort ist von Torbole aus über die östliche Uferstraße (*Gardesana Orientale)* mit dem Auto erreichbar.

Strandabschnitt zwischen Navene und Torri del Benaco

Abendstimmung in Torri del Benaco

TOP, weil ...

das Fahrrad das perfekte Fortbewegungsmittel ist, um den Küstenstreifen und seine Ortschaften zu erkunden.

INFO

Consorzio
„Lago di Garda è ..."
Lungolago Regina Adelaide 3
Garda (VR)
Tel. 0039 045 7255279
www.lagodigarda-e.it

Was wird geboten?

Das beste Verkehrsmittel, um den Küstenstreifen des Gardasees zu erkunden, ist immer noch das Fahrrad. Von Navene bis nach Torri del Benaco zieht sich mittlerweile ein fast zur Gänze zusammenhängender Fußweg hin, zumeist direkt an der Küste gelegen, auf dem auch die Radfahrer gemütlich dahingleiten können. Allerdings muss man auf kleinen Teilstücken das Rad entweder schieben oder sich dem Verkehr auf der Hauptstraße aussetzen. Im Gebiet von *Brenzone*, das sich aus 16 Weilern zusammensetzt, von denen Castelletto, Magugnano, Porto und Assenza direkt am Ufer liegen, sollte man sich etwas mehr Zeit nehmen. Die Orte haben alle ihren Charme und ihre Ursprünglichkeit bewahrt: enge, oft sehr steile Gässchen, historische Häuschen, Olivenhaine und eine Ruhe, wie man sie am See nicht mehr allzu oft findet. Jeder Ort in Brenzone ist zudem ein hervorragender Ausgangspunkt für Ausflüge auf den Monte Baldo. Von Torri del Benaco gibt es die Möglichkeit, mit der Fähre überzusetzen und über die westliche Küstenstraße mit dem Fahrrad nach Limone zu fahren, um dort die Fähre zurück nach Malcesine zu nehmen.

7 VON LAZISE NACH MANTUA

GUTSCHEINE

für dieses Gebiet
und Umgebung
siehe Seiten 263–273

LAZISE – Von der *Punta San Vigilio* in der Nähe von Garda bis zur Ortschaft Lazise kann der Radfahrer einen zusammenhängenden Weg nutzen, der entlang eines ruhigen Küstenstreifens verläuft und weitab vom Autoverkehr ein geruhsames Dahinfahren garantiert. Die wenigsten wissen allerdings, dass ab Lazise die Möglichkeit besteht, ebenfalls entlang der Küste bis nach Peschiera zu radeln.

Wie kommt man hin?

Von Norden über die östliche Uferstraße (*Gardesana Orientale*) nach Lazise oder von der Autobahnausfahrt Affi weiter auf der SR 450 bis zur Ausfahrt nach Lazise.

Lotusblume

Fähre an der Radstrecke

Radstrecke nach Mantua

TOP, weil ...

man nicht nur mit jedem Rad gemütlich dem Seeufer entlangfahren kann, sondern weil man die Radtour bis nach Sirmione oder Mantua ausdehnen kann.

INFO

Consorzio
„Lago di Garda è ..."
Lungolago Regina Adelaide 3
Garda (VR)
Tel. 0039 045 7255279
www.lagodigarda-e.it

Was wird geboten?

Noch ist der Streckenabschnitt Lazise–Peschiera ein Geheimtipp unter Radfahrern. Denn ab Lazise gibt es nun die Möglichkeit immer entlang der Küste die Stadt Peschiera zu erreichen. Eigentlich nur ein kurzer Ausflug, der entlang der schönsten Sandstrände des Gardasees führt. In einer guten halbe Stunde kann die Strecke mit jedem Radtyp bewältigt werden. Dabei geht es ohne nennenswerte Steigung zum Teil über Naturwege, zum Teil über weiche Sandunterlage. Einkehrmöglichkeiten gibt es ebenfalls zur Genüge entlang der Route. In Peschiera besteht dann die Möglichkeit auf den ausgeschilderten Radwegen entweder nach Mantua oder Sirmione weiterzufahren.

Wer also an der *Punta San Vigilio* in Garda startet und die einzelnen Teilstücke zu einer Tagestour verbindet, dem bietet sich die Möglichkeit, den südlichen Teil des Sees auf unbekannten Wegen zu erkunden, um dann auch noch ins Hinterland vorzudringen. Und wer zu müde ist mit dem Fahrrad zurückzufahren, kann den Linienbus nach *Punta San Vigilio* nehmen.

TIPP

Motonavi Andes Negrini

Ausflüge mit dem Boot von Mantua über die Flüsse Mincio und Po, auch nach Venedig.

Via S. Giorgio 2
I-46100 Mantova
Tel. 0039 0376 322875-360870-224727
Fax 0039 0376 360869-322869
www.motonaviandes.it
andes@motonaviandes.it

8 VOM LIDO DI LONATO NACH SALÒ

GUTSCHEINE

für dieses Gebiet
und Umgebung
siehe Seiten 244–263

LIDO DI LONATO – Wassersportler am Gardasee sprechen zumeist vom Wind. Der Wind am See ist ein treuer und zuverlässiger Gefährte, der das Herz der Surfer, Kitesurfer und Segler höher schlagen lässt.
Trotzdem, dort wo der See breit wird, dort wo es viel Platz gibt, dort ist auch die Geschwindigkeit zu Hause. Aber weit draußen auf dem Wasser unabhängig vom Wind über den See zu steuern und an die Küste zurückzukommen wann immer man will, das ist nur mit einem Motorboot möglich!

Wie kommt man hin?

Das *Lido di Lonato* liegt in der Nähe der Stadt Desenzano. Über die Brennerautobahn bis Verona, weiter auf der A4 und die Ausfahrt Desenzano benutzen. Dann bis nach Desenzano, um von dort über die „Mini-Tangenziale" das *Lido di Lonato* zu erreichen.

Kleine Bucht auf der Fahrt nach Salò

Was wird geboten?

Im *Lido di Lonato,* zwischen Desenzano und Padenghe, direkt am Südwestufer des Gardasees, gibt es eine Bootswerft, die Motorboote vermietet. Mit und ohne Führerschein kann man nach einer ausführlichen Einweisung, gut ausgerüstet mit dem notwendigen Kartenmaterial, den See erkunden. Wer einen Bootsführerschein besitzt, kann sich ganz nach Wunsch an satten 560 PS erfreuen! Natürlich liegt der Reiz in der Geschwindigkeit weit draußen auf dem offenen Wasser, doch sollte man die Schönheit der Küste nicht ganz außer Acht lassen. Denn vom Lido kann man den Küstenstreifen entlang Richtung Manerba fahren, vorbei unter den Steilwänden der Rocca. Natürlich sollte man vor der *Isola dei Conigli* ankern, um dort zu schwimmen und in der Sonne zu liegen, bevor die Fahrt weitergeht Richtung *Isola del Garda.* Nachdem man die Insel umrundet und eventuell einen weiteren Halt eingelegt hat, geht es weiter nach Salò. Direkt am Hafen liegt die vier Kilometer lange Seepromenade, die schönste in dieser Region. Aber auch sonst ist das kleine Städtchen sehenswert.

TOP, weil ...

man mit dem Motorboot vom Lido di Lonato aus die Möglichkeit hat einen interessanten Küstenstreifen zu erkunden, zwei Inseln zu besuchen und im Hafen eines sehenswerten Städtchens zu ankern.

INFO

Nautica Bleugarda
Via Catullo 1
Lido di Lonato (BS)
Tel. 0039 030 9120775
www.bleugarda.com

Gardone am Westufer des Gardasees

9 LONATO UND LIDO DI LONATO

GUTSCHEINE

für dieses Gebiet
und Umgebung
siehe Seiten 244–263

LONATO – Das wunderschöne, typisch lombardische Städtchen *Lonato* liegt zirka sechs Kilometer südwestlich von Desenzano. Schon von fern bestimmt der Festungshügel das Stadtbild, und die mächtige Kuppel des Doms präsentiert sich in ihrer ganzen Schönheit. Jahrhundertelang stritten sich Scaliger und Visconti, Venezianer und Mailänder um Stadt und Burg. Unter der Herrschaft der Visconti von Mailand erreichte die Burganlage das heutige Ausmaß.

Wie kommt man hin?

Über die Autobahn A4 Mailand–Venedig bis zur Ausfahrt Desenzano del Garda. Zuerst Richtung Desenzano, dann am zweiten Kreisverkehr auf die SS 11 nach *Lonato* abbiegen. Von *Lonato* über die SP 25 zum *Lido di Lonato*.

Luftaufnahme von der Rocca di Lonato

Malemi Beach

TOP, weil ...

das Lido di Lonato ein Küstenstreifen mit herrlichem Ausblick über den See ist und das historische Städtchen zu einem Ausflug in eine der unbekannteren Umgebungen des Sees einlädt.

INFO

Tourist Coop Valtenesi
Piazza Municipio 1
San Felice del Benaco (BS)
Tel. 0039 0365 558160
www.gardavaltenesi.com

Was wird geboten?

In der historischen Altstadt gibt es zwei beherrschende Plätze, die *Piazza Matteotti* mit dem 1555 erbauten und 55 Meter hohen *Torre* (Turm) *Maestra* und die *Piazza Centrale* mit dem *Palazzo Municipale*, dem Rathaus. Auf halbem Weg zur Burg liegt die *Casa del Podestà*, das mittelalterliche Haus des Bürgermeisters. Dort befindet sich eine Bibliothek mit 50.000 Bänden, darunter Schriftstücke aus der Zeit vor der Erfindung des Buchdruckes. Ungefähr sechs Kilometer nord-östlich liegt das *Lido di Lonato*, ein freier Kiesstrand, der öffentlich zugänglich ist. Daneben gibt es einen *Beach Club*, der mit seinem weißen Sandstrand (der feine Sand wurde extra aus Ägypten angeliefert) eine karibische Atmosphäre zu schaffen versucht. Jeglicher Komfort ist dort vorzufinden. Das dazugehörige Restaurant mit feiner Küche und eine Diskothek sorgen für Verpflegung und Unterhaltung. Ob man nun das Flair des Gardasees oder der Karibik genießen will, kann dann jeder für sich entscheiden!

10 GROSSE INSELTOUR

GUTSCHEINE

für dieses Gebiet und Umgebung siehe Seiten 263–273

Im Gardasee gibt es fünf Inseln. Die größte ist die *Isola del Garda*, und in ihrer Nähe befindet sich die kleinste, die *Isola San Biagio*, auch *Isola dei Conigli* genannt. Sie ist nur 100 m² groß und liegt in Küstennähe. Die zweitgrößte Insel im See ist die *Isola Trimelone* mit 6000 m² Oberfläche. Die *Isola di Sogno* liegt nur 20 m von der *Penisola* (Halbinsel) *di Sogno* entfernt. Die fünfte Insel im See ist die *Isola degli Olivi*, die am nördlichsten gelegene.

Wie kommt man hin?

Bardolino erreicht man von Norden über die östliche Uferstraße (*Gardesana Orientale*). Über die Brennerautobahn A22, Ausfahrt Affi, zuerst nach Garda und dann weiter nach

Isola del Garda

Isola di Sogno

TOP, weil ...

die Erkundung der Inseln mit dem eigenen Boot neue, interessante Perspektiven bietet und eine Mehrtages-Kreuzfahrt auf dem See eine einzigartige Möglichkeit ist, schwer erreichbare Plätze zu entdecken.

INFO

Consorzio
„Lago di Garda è ..."
Lungolago Regina Adelaide 3
Garda (VR)
Tel. 0039 045 7255279
www.lagodigarda-e.it

Bardolino. Öffentliche Busse pendeln stündlich zwischen Verona und Garda, Fähren legen etwa stündlich sowohl Richtung Norden als auch Richtung Süden ab.

Was wird geboten?

Selbstverständlich kann ein routinierter Segler alle fünf Inseln an einem Tag erkunden. Idealer Ausgangspunkt ist Bardolino, wo es auch einen Bootsverleih gibt. Direkt auf der gegenüberliegenden Seite, der Westküste, liegt die *Isola San Biagio.* Von dort geht es Richtung Norden zur nahe gelegenen *Isola del Garda,* der größten im See. Die nächste Insel, die *Isola Trimelone* liegt weit oben im Norden, auf der anderen Seeseite, vor der Ortschaft Assenza, die zur Streugemeinde Brenzone gehört. Das Betreten der Insel ist untersagt. In der Nähe von Malcesine liegen die *Isola di Sogno* und die *Isola degli Olivi.* Auf dem Gardasee werden zudem Kreuzfahrtkurse angeboten, deren Programm auf eine ganze Woche aufgeteilt ist. Gestartet wird in Cassone an der Westküste, wobei der gesamte See umsegelt und sämtliche Inseln angefahren werden. Übernachtet wird auf den Segelbooten.

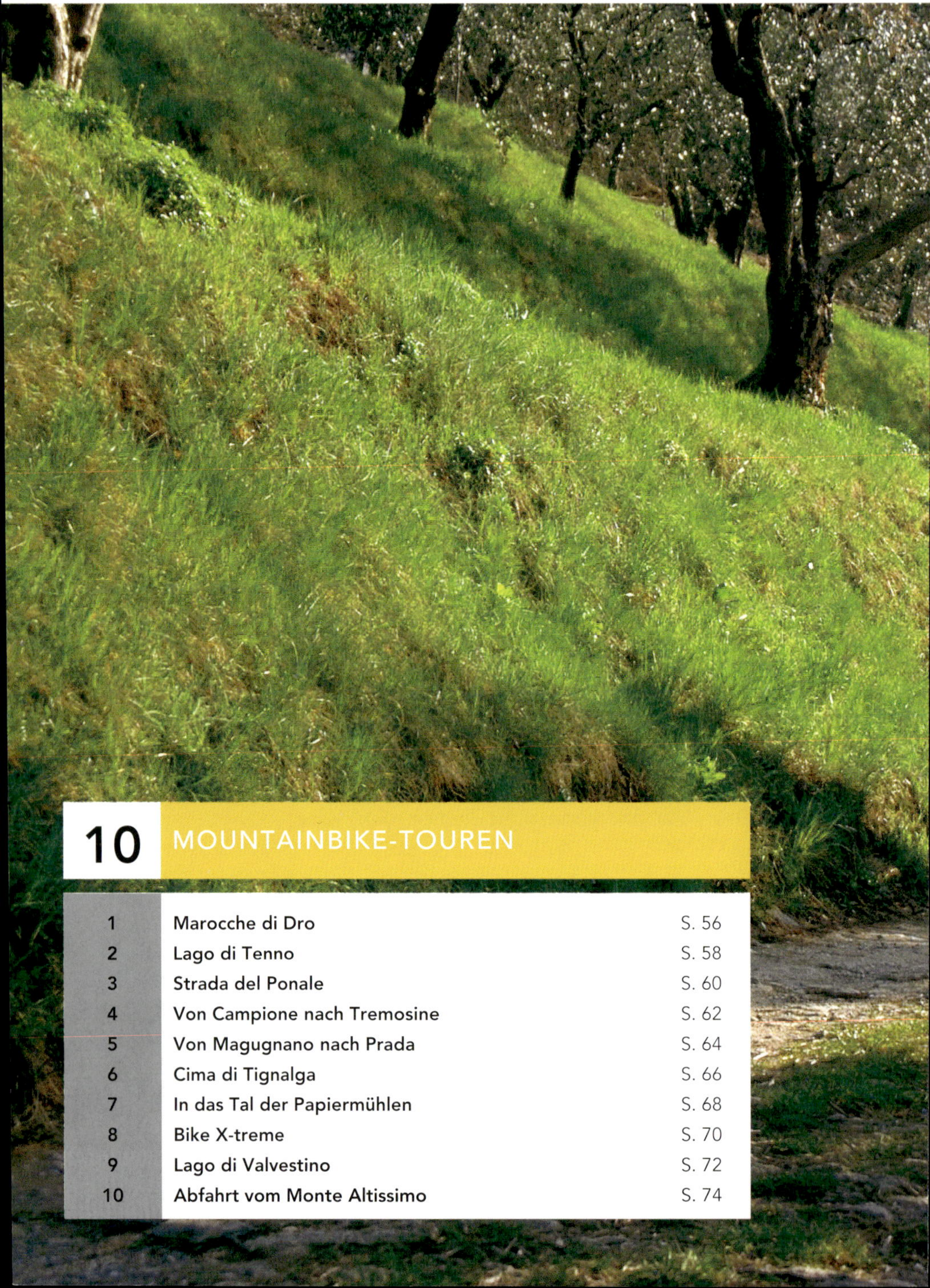

10 MOUNTAINBIKE-TOUREN

Radfahren am Gardasee
inmitten von Olivenhainen

1 MAROCCHE DI DRO

GUTSCHEINE

für dieses Gebiet und Umgebung siehe Seiten 232–243

ARCO – Die *Marocche di Dro,* einige Kilometer nördlich des Gardasees in der *Valle dei Laghi* gelegen, sind Teil eines großen Bergsturzgebietes. Die Gesteinsmassen, welche vom Monte Brento und vom Monte Casale stammen, haben ein ca. acht Kilometer langes und bis zu zwei Kilometer breites Gelände im Talboden zwischen Dro und Pietramurata verschüttet. Die Seen, die dadurch aufgestaut wurden, dürften ein Alter von mehreren Jahrtausenden haben.

Wie kommt man hin?

Die Tour startet in Arco, direkt unterhalb des markanten Burgfelsens.

Rast beim „Lago di Cavedine"

Mondlandschaft in den „Marocche di Dro"

TOP, weil ...

diese landschaftlich wunderbare Rundtour nicht nur das Biotop Marocche di Dro streift, sondern auch viele interessante und schöne Ausblicke bietet, so z. B. auf das Castel Drena oder den Lago di Cavedine.

INFO

Technische Details
Strecke: 30,9 km
Höhenmeter: 680
80 % Asphalt,
8 % Schotter,
12 % Trails

Weitere Informationen
Consorzio Turistico Valle dei Laghi
Via Roma 61/1
Vezzano (TN)
Tel. 0039 0461 864400
www.valledeilaghiturismo.it

Was wird geboten?

Gigantische Felsbrocken, verteilt auf 15 Quadratkilometern nahe des *Lago di Cavedine,* schaffen eine trostlose und zugleich faszinierende Steinwüste, die mehrere Seen beherbergt. Die Entstehung dieser Mondlandschaft, die heute ein beliebtes Ausflugsziel ist, geht auf die Eiszeit zurück. Der *Lago Solo*, der *Lago Nero* und der *Lago di Bagatoi* liegen in wilder Einsamkeit und sind nur zu Fuß erreichbar. Der Bergradfahrer kann direkt in Arco unterhalb der markanten Burgfelsen starten. Vorbei an den spektakulären Kletterfelsen führt die Tour über San Martino Richtung Pianura. Man fährt unterhalb von Braila vorbei, hinauf zum Schloss Castel Drena und durch die Ortschaft Drena zum *Lago di Cavedine*. An seinen Ufern entlang gelangt man nach Pietramurata und über Nebenstraßen, die unterhalb der Marocche vorbeiführen, Richtung Dro und zurück nach Arco.

2 LAGO DI TENNO

GUTSCHEINE

für dieses Gebiet
und Umgebung
siehe Seiten 232–243

RIVA – Diese Radtour für jedermann führt vom Gardasee zu dem kleinen *Lago di Tenno*. Der See liegt auf 600 m Meereshöhe bei der gleichnamigen Ortschaft. Das Wasser des Sees ist ausgesprochen sauber, die Wassertemperatur ist im Sommer zum Baden ideal. Überhaupt ist die Gegend um den Lago di Tenno ein ausgesprochen ruhiges Ausflugsziel mit kleinen Gastwirtschaften, die zu einem Halt bei typischer Trentiner Küche einladen.

Wie kommt man hin?

Über die Brennerautobahn, Ausfahrt Rovereto Sud – Lago di Garda Nord in ca. 20 Minuten nach Torbole und weiter nach Riva. Gebührenpflichtige Parkmöglichkeiten direkt im Ort und am Hafen. Um Parkschwierigkeiten zu vermeiden, sollte man aus der Umgebung mit dem Fahrrad anreisen.

Luftaufnahme vom Lago di Tenno mit dem Gardasee im Hintergrund

Abendstimmung nach einer Radtour

TOP, weil ...

diese Tour nicht nur zu einer unberührten Seenlandschaft führt und dabei an historisch interessanten Stätten vorbeiführt, sondern weil sie von jedermann gefahren werden kann.

INFO

Technische Details
Einfache Bergradtour
Strecke: 30 km
Höhenmeter: 600
Zeitaufwand: 3–3 ½ Std.

Weitere Informationen
Ingarda Trentino
Giardini di Porta Orientale 8
Riva del Garda (TN)
Tel. 0039 0464 554444
www.gardatrentinonline.it

Was wird geboten?

Die Ortschaft Riva ist Ausgangspunkt für diese Bergradtour. Zuerst zur *Cascata del Varone* (Cascata = Wasserfall), dann weiter in das Dorf Pranzo und hinauf zum *Lago di Tenno*. Vom See über die SP 421 bis nach Balino, dort rechts weiterfahren und dem Wegweiser (406) bis nach Canale folgen. Dieses mittelalterliche Dorf ist auf alle Fälle einen Besuch wert. An der ersten Kehre beginnt rechts die Abfahrt über einen alten Karrenweg, der die Wegnummer 401/406 trägt, nach Tenno und zum Schloss *Castello di Tenno*. Dem Wegweiser (408) bis nach Gavazzo folgen. Dieser sehr „raue" Teil der Abfahrt ist technisch anspruchsvoll und nur für geübtere Fahrer geeignet. Er endet direkt bei Varone, nicht weit vom Endziel Riva. Als einfachere Alternative bietet sich nach der Burg die Abfahrt auf der Asphaltstraße zurück nach Riva an.

3 STRADA DEL PONALE

GUTSCHEINE

für dieses Gebiet und Umgebung siehe Seiten 232–243

RIVA – Die alte Straße ins Ledro-Tal hat, als sie noch für den Verkehr offen war, so manchem auswärtigen Autotouristen den letzten Nerv gekostet. In unzähligen engen Kehren wand sie sich den Berg empor, die Leitschienen waren wohl mehr als Zierde gedacht und verstärkten zugleich noch den Eindruck des bevorstehenden Absturzes über die Steilwand direkt in den darunter liegenden Gardasee. Wer einmal auf der *Strada del Ponale* war, musste durch – Wendemöglichkeit gab es keine mehr!

Wie kommt man hin?

Von Riva del Garda über die westliche Uferstraße (*Gardesana Occidentale*) Richtung Limone. Kurz vor dem ersten Tunnel zweigt die alte Landstraße rechts ab.

Radfahrer bei der Abfahrt

Was wird geboten?

Seit dem Herbst 2004 wird dem Bergradfahrer eine eigene Straße ins Ledro-Tal geboten! In den Bereichen außerhalb der Tunnels wurde die Straße zurückgebaut, die frei gewordenen Flächen begrünt und so schlängelt sich heute die Straße fast schon ein klein wenig verspielt den Berg hoch. Ein einzigartiger Ausblick auf den Gardasee begleitet den Bergradfahrer auf dem Anstieg.

Kurz vor der Ortschaft Biancesa trifft die *Strada del Ponale* auf die heutige Straße ins Ledro-Tal. 1851 wurde die alte Landstraße nach vierjähriger Bauzeit dem Verkehr übergeben, um das Ledro-Tal wirtschaftlich an die Außenwelt anzubinden. Heute ist sie eine bekannte und vielbefahrene Bergradstrecke, die von Riva bis nach Pieve di Ledro führt. Dabei gilt es 14,5 km und 550 Höhenmeter zu überwinden, bevor man Pieve erreicht.

TOP, weil ...

es nirgendwo sonst eine eigene Bergstraße für Radfahrer gibt.

INFO

Technische Details
Leichte Bergradtour
Strecke: 14,5 km
Höhenmeter: 550 m
Zeitaufwand: 2–2 ½ Std.

Weitere Informationen
Ingarda Trentino
Giardini di Porta Orientale 8
Riva del Garda (TN)
Tel. 0039 0464 554444
www.gardatrentinonline.it

Strada del Ponale

4 VON CAMPIONE NACH TREMOSINE

GUTSCHEINE

für dieses Gebiet
und Umgebung
siehe Seiten 244–263

CAMPIONE – Die Gegend ist sehr abwechslungsreich: Die kleinen Ortschaften liegen eng in Täler gebettet, auf Anhöhen, Hügeln oder auf Ebenen inmitten von Wiesen, Olivenhainen und Pinienwäldern. So besticht auch die Strecke von den ersten Metern an gerade wegen der reizvollen Landschaft. Zahlreiche alte Maultierpfade winden sich an den Hängen entlang zu den verschiedenen Orten hoch. Dementsprechend vielfältig sind auch die Möglichkeiten für Mountainbiker.

Wie kommt man hin?

Campione erreicht man über die westliche Uferstraße (*Gardesana Occidentale*). Busse gehen mehrmals täglich in beide Richtungen, Schiffe zwischen einmal und zweimal täglich.

Tremosine

Die Brasa-Schlucht

TOP, weil ...

das Bergradfahren auf der Hochfläche von Tremosine ein „Zurück zur Natur" ist.

INFO

Technische Details
Mittlere Schwierigkeit
Strecke: 23,20 km
Höhenmeter: 744
Zeitaufwand: 3 ½–4 ½ Std.

Weitere Informationen
Associazione Pro Loco
Piazza Marconi 1
Tremosine (BS)
Tel. 0039 0365 953185
www.infotremosine.it

Was wird geboten?

Die Tour startet in Campione, wo man oberhalb des Fußballfeldes den Weg am alten Autoschrottplatz in der Nähe des Tunnels nach Riva, nimmt. Es geht steil hinab zum See bis zur alten Landstraße, dann bergan (ein Tunnel ohne Beleuchtung wird umfahren) und in einigen Kehren bis zur Brasa-Schlucht. Weiter bis in die Ortschaft Pieve. Rechts ab in Richtung Vesio, um dann in Priezzo in die *Via Levante* einzubiegen. Weiter bis zur Kapelle und über die *Via Pionese* hinab ins Brasa-Tal. Die Route führt nun in die Ortschaft Voiandes und von dort hinauf auf die *Bocca di Nevese*. Noch einmal ein kurzer Anstieg, dann steil hinunter in die Ortschaft Sermerio und mitten durch wilde Natur nach Cadignano. Durch das Wohngebiet von Pregasio hindurch bis nach Pieve. Der Brasa-Schlucht entlang zurück nach Campione.

5 VON MAGUGNANO NACH PRADA

GUTSCHEINE

für dieses Gebiet und Umgebung siehe Seiten 263–273

BRENZONE (MAGUGNANO) – Es handelt sich um eine interessante Rundtour, die ausgezeichnete Kondition und beste Fahrtechnik voraussetzt. Ein angenehmer Start in typischer, von Olivenbäumen geprägter Landschaft, gibt den Auftakt. Dann gilt es aber ordentlich in die Pedale zu treten! Die Auffahrt von Castello nach *Costone di Trovai* ist ein richtiger Konditionstest, während die Abfahrt von der Prada-Hochfläche hohes technisches Können verlangt.

Wie kommt man hin?

Magugnano liegt am Ostufer des Gardasees und ist über die östliche Uferstraße (*Gardesana Orientale*) mit dem Auto erreichbar. Es gibt zweimal täglich Fährverbindungen in beide Richtungen und alle ein bis zwei Stunden Linienbusse ebenfalls in beide Richtungen.

Das Dorf Campione von Prada aus gesehen

Die Hochfläche von Prada

TOP, weil ...

diese Radtour ausschließlich den konditionsstarken und technisch bestens bewanderten Fahrern vorbehalten ist.

INFO

Technische Details
Technisch anspruchsvolle Abfahrten, große Steigungen auf der Strecke, nur für gut trainierte Fahrer.
Strecke: 17,90 km
Höhenmeter: 1065
Zeitaufwand: 3 ½–4 Std.

Weitere Informationen
Ufficio Informazioni e Accoglienza Turistica
Via Zanardelli 38
Fraz. Porto (VR)
Tel. 0039 045 7420076
www.brenzone.it

Was wird geboten?

Der Start zu dieser Rundtour erfolgt bei der Kirche in Magugnano. Ungefähr 400 m über die Gardesana nach Norden fahren, dann nach Castello abzweigen. In der kleinen Ortschaft an der Kirche vorbei, bis bei der nächsten Abzweigung die sieben Kilometer lange, ununterbrochen anstrengende Bergauffahrt Richtung Prada beginnt. In *Costone di Trovai* ist dann die Quälerei zu Ende, der angenehmste Teil der Tour ist erreicht. Geruhsam geht es über die Hochfläche von Prada weiter, bis zum Gasthaus *da Tano*. Dort beginnt die technisch äußerst anspruchsvolle Abfahrt zurück nach Castello. Dieser Weg trägt die Nummer 33. Nachdem man eine kleine Kapelle passiert hat, fährt man geradeaus weiter bis man zum Wanderweg Nr. 31 kommt. In der Nähe einer Häusergruppe verlässt man den Hauptweg, um auf dem linken schmalen Weg links davon weiterzufahren. So erreicht man die Teerstraße, die zurück zum Ausgangspunkt führt.

6 CIMA DI TIGNALGA

GUTSCHEINE

für dieses Gebiet
und Umgebung
siehe Seiten 244–263

GARDOLA – Das Gebiet von Tignale, im Naturpark *Alto Garda Bresciano* wird von unzähligen ehemaligen Militärstraßen und alten Wegen durchzogen, die diese Gegend zu einem Eldorado für Bergradfahrer machen. Dabei bieten sich immer wieder traumhafte Ausblicke auf den darunter liegenden Gardasee. Die Route verläuft zum Großteil auf der Wettkampfstrecke *Granfondo* im Naturpark *Alto Garda*.

Wie kommt man hin?

Knapp fünf Kilometer nördlich von Gargnano zweigt nach mehreren Tunnels die Straße nach Tignale ab. Durch das Tal des *Rio Piovere* geht es über Serpentinen hinauf nach Gardola.

Blick auf Tignale und See

Was wird geboten?

Von Gardola führt die Straße ausschließlich durch Wälder bis zum *Rifugio Dosso Piemp* (privat, keine Verpflegung). Leicht aufwärts über eine Schotterstraße zum *Passo d'Ere*. Hier kann man sich noch für eine kürzere Tour und die Rückfahrt über den *Passo della Colomba*, die *Bocca di Paolone* und den *Passo di Fobia* nach Gardola entscheiden.

Die eigentliche Route geht weiter zum *Passo di Scarpapè* und über den *Passo della Puria* (Wegweiser Nr. 254) zur *Cima Tignalga*. Unter dem Gipfel beginnt ein Pfad (Wegnummer 254), auf dem sich Kurve an Kurve reiht. Etwa 800 m Höhendifferenz sind auf diesem „Single track" zu bewältigen. Technisch gesehen nicht unbedingt schwierig, wenn man über eine gute Kurventechnik verfügt! Wieder auf der SP 38 (Landstraße) geht es nach Prabione und zurück nach Gardola.

Alter Weg im Naturpark „Alto Garda Bresciano"

TOP, weil ...

man auf dieser Tour, außer an den Wochenenden, alleine ist.

INFO

Technische Details
Durchschnittlich schwere Bergradtour
Strecke: 28 km
Höhenmeter: 1300

Weitere Informationen
Comunità Montana Parco Alto Garda Bresciano
Via Oliva 32
Gargnano (BS)
Tel. 0039 0365 71449
www.cm-parcoaltogarda.bs.it
www.bresciainbici.it

7 IN DAS TAL DER PAPIERMÜHLEN

GUTSCHEINE

für dieses Gebiet und Umgebung siehe Seiten 244–263

TOSCOLANO-MADERNO – Diese gemütliche Bergradtour führt in ein idyllisches, wildromantisches Flusstal, ins *Valle delle Camerate*. Der Toscolano-Fluss wurde einst zum Antreiben der Papiermühlen genutzt (siehe Kapitel Wein, Oliven, Zitronen & mehr, S. 98). Vom blühenden Zeitalter der Papierherstellung sind allerdings nur mehr Ruinen und ein kleines Museum übrig. Trotzdem lohnt sich die Fahrt ins Tal, das für den Autoverkehr gesperrt ist und in den heißen Sommermonaten viel Schatten und ein gemütliches Bad im Toscolano bietet.

Wie kommt man hin?

Toscolano-Maderno liegt am Westufer des Gardasees. Anfahrt über die westliche Uferstraße (*Gardesana Occidentale*). Kostenlose Parkplätze in Maderno an der Uferstraße *Lungolago Zanardelli*.

Ruine im Tal der Papiermühlen

Forstweg ins Tal der Papiermühlen

TOP, weil ...

diese gemütliche Tour sich nicht nur für besonders heiße Tage anbietet, sondern auch mit der interessanten Geschichte der Papierherstellung im Tal aufwartet.

INFO

Technische Details
Leichte Bergradtour
Strecke: 18 km
Höhenmeter: 200
Zeitaufwand: 2 Std.

Weitere Informationen
Museo della Carta Maina Inferiore (BS)
Tel. 0039 0365 540799
www.bresciainbici.it

Was wird geboten?

Vor dem Ortsschild von Toscolano-Maderno führt die Teerstraße ins Landesinnere zum Golfplatz von Bogliaco. An diesem entlang bis zur Ortschaft Cecina und weiter auf der Straße nach Pulciano. Dort zweigt die Straße rechts nach Gaino ab, linker Hand führt sie nach Toscolano. Abfahrt bis in die Ortsmitte von Toscolano und zum gleichnamigen Fluss. An diesem entlang auf einer Schotterstraße ins Tal der Papiermühlen. Bis ans Ende des Tales, wo eine Brücke zu Picknickplätzen führt. In den Hochsommermonaten Juli und August findet sich dort eine bewirtschaftete Einkehrmöglichkeit. Der Fluss selbst bietet sich an den heißen Tagen zum Baden an. Zurück über dieselbe Strecke zum Ausgangspunkt.

8 BIKE X-TREME

GUTSCHEINE

für dieses Gebiet und Umgebung siehe Seiten 244–263

LIMONE – Alte Militärstraßen winden sich hoch oben an schroffen Felswänden entlang, die Aussicht ist einmalig, die Tiefblicke atemberaubend: Der *Passo Tremalzo* ist das Aushängeschild des Mountainbikens am Gardasee. Bergradfahrer aus ganz Europa, Profis und Amateure treffen sich hier auf der wohl faszinierendsten und extremsten Strecke des Gardasees. Das *Bike X-treme* ist international als eines der härtesten Mountainbikerennen Europas bekannt.

Wie kommt man hin?

Ausgangspunkt ist Limone. Man erreicht es über die westliche Uferstraße (*Gardesana Occidentale*), sowohl aus nördlicher wie auch aus südlicher Richtung.

Punta Larici, Monte Tremalzo

Was wird geboten?

16 Mal fand dieses als „Extrem-Klassiker zum Saisonsende" bekannte Rennen in Limone am Gardasee nun schon statt. Neben dem Aspekt der Extreme besticht bei diesem Rennen vor allem die Schönheit der Landschaft. Kein Wunder, denn die Route liegt im Herzen des *Parco Alto Garda Bresciano*, führt also von Limone, das gerade einmal 60 Meter über dem Meeresspiegel liegt, über Tremosine zum Passo Tremalzo auf 1865 m Meereshöhe. Auf 51 km messen sich also Profis und Amateure aus ganz Europa auf der wohl extremsten und faszinierendsten Mountainbikestrecke am Gardasee. Dabei legen die Fahrer auf einer Länge von 30 km etwa 2000 Höhenmeter und eine durchschnittliche Steigung von sechs Prozent zurück. Abwärts geht es dann über sieben Kilometer auf der spektakulären Tremalzo-Abfahrt. Im Anschluss führt die Abfahrt über den *Passo Guil* zurück nach Limone. Dabei gilt es ein Gefälle von bis zu 30 % zu meistern.

Downhill

TOP, weil ...

dieses Rennen, aber vor allem die Abfahrtsstrecke zur Extremsten in ganz Europa zählt.

INFO

Technische Details
Streckenlänge: 51 km
Höhenunterschied: ca. 2000 Hm
Der längste Anstieg:
Von Limone zum Tremalzo 30 km bei einer durchschnittlichen Steigung von 6 %, wobei der nicht asphaltierte Teil 15 km lang ist und eine Steigung von 8 bis 9 % aufweist.
Die schönste Abfahrt:
Vom Tremalzo zwischen Felswände hindurch (7 km mit einem Gefälle von 9 %), und die Abfahrt vom *Passo Guil* nach Limone (9 km mit einem Gefälle von 13 bis 30 %).
Siegerpreis: 8000 €

Weitere Informationen
Infoline 0039 0365 918987
www.bikex-treme.com

9 LAGO DI VALVESTINO

GUTSCHEINE

für dieses Gebiet
und Umgebung
siehe Seiten 244–263

NAVAZZO – Diese einfachere Tour verläuft zum Großteil auf schmalen und verkehrsarmen Straßen. Einige hundert Höhenmeter über dem See, im Hinterland, radelt man auf langen Steckenabschnitten durch dichten Wald. Es gibt so gut wie keine Einkehrmöglichkeiten in diesem vom Massentourismus verschonten Gebiet. So sollte auch die Trinkflasche gefüllt sein, denn außer einigen Bauern ist in dieser Gegend kaum jemand anzutreffen.

Wie kommt man hin?

Die Tour startet am großen Parkplatz in der Nähe von *Navazzo*. Von der westlichen Uferstraße (*Gardesana Occidentale*) in Gargnano an der Pfarrkirche abbiegen und der Straße (Beschilderung *Lago d'Idro*) ungefähr 7,5 km bis zu einem großen Parkplatz vor einer Kreuzung folgen.

Luftaufnahme vom Lago di Valvestino

Kleines Haus mit Strohdach im Valvestino-Gebiet

TOP, weil ...

diese Runde in dem vom Massentourismus verschonten Hinterland des Gardasees verläuft und nicht nur für den extremen Bergradfahrer geeignet ist.

INFO

Technische Details
Strecke: 30,8 km
Höhenmeter: 750
77 % Asphalt, 23 % Schotter, 0 % Trails

Weitere Informationen
C.F.V.-Agenzia di Valle Turano di Valvestino
Località Cluse (BS)
Tel. 0039 0365 745007
Mobil 0039 334 6686327
www.consorzioforestalevalvestino.com
www.bresciainbici.it

Was wird geboten?

Eine einfachere Tour in einer verlassenen Gegend, wobei die Hauptschwierigkeiten in der teilweise recht steilen Abfahrt von der *Bocca di Paolone* ins *Droanello*-Tal liegen. Das Schlussstück folgt in gewundener Linienführung dem Ufer des *Lago di Valvestino*, wobei die vielen kleinen Seitenarme ein „nordisches" Gefühl aufkommen lassen. Die Tour selbst verläuft zuerst einmal vom Parkplatz über die *Bocchetta San Liano* bis ins kleine Bergdorf Costa. Weiter geht es auf die *Bocca di Paolone* nach Lignago am *Lago di Valvestino*. Auf einer schmalen und kurvenreichen Straße geht es am See entlang bis zu dessen Ende. Ab der Staumauer bergab und weiter kurvenreich an alleinstehenden Häusern vorbei bis in die Ortschaft Navazzo. Durch den Ort hindurch zurück zum Ausgangspunkt.

10 ABFAHRT VOM MONTE ALTISSIMO

GUTSCHEINE

für dieses Gebiet und Umgebung siehe Seiten 263–273

MALCESINE – Der Monte Baldo, ein langgezogener Bergrücken, zwischen Gardasee und Etschtal gelegen, ist der Ausgangspunkt für unzählige Bergradtouren und Wanderungen. Das Besondere an der Mountainbike-Tour zum Monte Altissimo, die am Monte Baldo startet, ist die Auffahrt! Denn in 15 Minuten bringt die Großkabinenbahn den Bergradler von Malcesine auf Seehöhe zur höchsten Erhebung des Gardaseegebietes.

Wie kommt man hin?

Malcesine liegt am Ostufer des Gardasees und ist von Torbole aus über die östliche Uferstraße (Gardesana Orientale) mit dem Auto erreichbar. Die Anfahrt zur Großkabinenbahn, die gut ausgeschildert ist, kann von Torbole oder Riva aus auch mit dem Bergrad erfolgen, da die Abfahrt vom Monte Altissimo nach Torbole führt.

Auffahrt zum Monte Altissimo

Was wird geboten?

Die Bergradtour zum Monte Altissimo (2079 m) ist ein Klassiker schlechthin. Die 2656-Höhenmeter-Abfahrt nach Torbole ist wohl kaum zu überbieten. Von der Bergstation am Monte Baldo geht es zuerst einmal auf breitem Schotterweg abwärts. Am Rifugio Graziani beginnt der mühsame Aufstieg zum Altissimo, 700 Höhenmeter auf einer Schotterstraße, die sich in vielen Serpentinen zum Gipfel schlängelt. Die Anstrengung – so manch einer muss hier schieben – wird durch großartige Aus- und Tiefblicke entschädigt. Im *Rifugio Altissimo* kann dann vor der Abfahrt eine gemütliche Rast eingelegt werden, wobei der Blick bei klarem Wetter vom tief unten gelegenen Gardasee bis hin zum Alpenhauptkamm reicht. Gleich hinter der höchsten Erhebung beginnt der unter Bergradfahrern legendäre *Sentiero 601* Richtung Nago–Torbole. Im ersten Teil ist er sehr steil, dann führt er gemütlich über die weite Hochalmenfläche zum Beginn der Teerstraße nach Nago.

TOP, weil ...

die lange Abfahrt vom höchsten Punkt in der Umgebung des Gardasees relativ einfach zu erreichen ist.

INFO

Technische Details
Aufstieg: 700 Hm
Abfahrt: 2656 Hm
Höchster Punkt: 2051 m
Niedrigster Punkt: 68 m

Weitere Informationen
Gardaonbike
Viale dei Tigli 16b
Riva del Garda (TN)
Tel. 0039 0464 550880
Mobil 0039 349 2338999
www.gardaonbike.com

Downhill vom Monte Altissimo

10 WANDERUNGEN & KLETTERSTEIGE

Kletterer über dem Gardasee

1 MARMITTE DEI GIGANTI

GUTSCHEINE

für dieses Gebiet und Umgebung siehe Seiten 232–243

TORBOLE – Diese riesigen Felsformationen aus der Eiszeit lassen den darunter stehenden Betrachter fast schon winzig erscheinen. Die überdimensionalen Trichter entstanden durch die andauernde Bewegung der eiszeitlichen Eismassen, die Findlinge im Eis in Rotation versetzten und so einen Mühleneffekt erzeugten, – unvorstellbar, welche Kräfte hier zugegen waren! Und als ob dieses Naturphänomen noch nicht reichen würde, turnen zudem noch Sportkletterer an diesen grifflosen Kalkwänden herum!

Wie kommt man hin?

Von Torbole Richtung Nago–Rovereto. Vor der ersten Rechtskehre rechter Hand befindet sich eine kleine Bar mit Parkplatz (gebührenpflichtig, d. h. „Konsumationspflicht"). Zu Fuß von Torbole über einen Wanderweg ca. 1,5 km, eventuell mit dem Rad über die verkehrsreiche Hauptstraße nach Nago.

Wegweiser zu den „Marmitte dei Giganti"

Überdimensionale Trichter der „Marmitte dei Giganti"

TOP, weil ...

man einen Ausflug in die Eiszeit mit einer grandiosen Kletterei hoch über Torbole verbinden kann.

INFO

Technische Details
Ca. 17 Routen zwischen 15 und 50 Meter Länge, Schwierigkeiten von 4 bis 7a

Weitere Informationen
Ingarda Trentino
Via Lungolago Verona 19
Torbole/Nago (TN)
Tel. 0039 0464 505177
www.gardatrentinonline.it

Was wird geboten?

Eine kurze, angenehme Wanderung durch einen schattigen Olivenhain führt zu den Felstrichtern. Während der Wanderer direkt unter der ersten, riesigen Felseinbuchtung zu stehen kommt, führt eine steile Leiter zur Basis der zweiten Gletschermühle. Die Entstehungsgeschichte ist äußerst aufschlussreich in drei Sprachen auf einer großen Tafel direkt am Fuße der Felsformationen beschrieben. Wenn man das runde, wassergefüllte Becken des Haupttrichters betrachtet, kann man sehr gut den Entstehungsablauf nachvollziehen. Nicht greifbar hingegen sind die Kräfte, die hier am Werk waren. Links des Felstrichters gibt es zudem ein kleines Sportklettergebiet, das ein Dornröschendasein fristet. Gute Griffe, fester Fels, aber vor allem Ruhe, die ansonsten in den Klettergebieten um Arco Mangelware ist, bieten die *Marmitte dei Giganti (wörtlich übersetzt: die Töpfe der Riesen).*

2 PREGASINA – CIMA MUGHERA

GUTSCHEINE

für dieses Gebiet und Umgebung siehe Seiten 232–243

LEDRO (PREGASINA) – Das malerisch auf einer Bergterrasse direkt über dem Gardasee gelegene Dorf Pregasina (532 m) ist der Ausgangspunkt für die Tour auf die *Cima Mughera* (1161 m). Fantastische Tiefblicke auf den 1000 m tiefer gelegenen See begleiten den Wanderer auf dieser Rundtour. Die Wanderung verläuft zumeist über breite Almwege, doch sind auch einige Passagen auf einfachen Steigen zu bewältigen. Ein geeigneter Ausflug auch für die Familie.

Wie kommt man hin?

Von Riva über den Ledro-Tunnel nach Biancesa di Ledro. Dann links ab und wiederum durch einen Tunnel nach Pregasina. Am südlichen Ortsende befindet sich ein kleiner Parkplatz bei der Kirche.

Luftaufnahme vom Dörfchen Pregasina

Was wird geboten?

Von der Kirche in Pregasina auf breitem Wirtschaftsweg Richtung Süden bis zur Schranke. Die Route ist ausgeschildert und trägt die Markierung Nr. 422. Zuerst geht es hinauf zur *Malga Larici* und auf relativ schmalem Pfad weiter zur *Punta Larici* (908 m), die einen ausgezeichneten Tiefblick auf den See bietet. Über die *Bocca dei Larici* und die *Malga Palaer* (hier endet der Wirtschaftsweg) steil bergan zum *Passo Rocchetta* (1158 m). Neuerlich tut sich ein fantastischer Ausblick auf den weit unten gelegenen See auf. Kurz hinab ins Hochtal *Nembra*, wo man schließlich auf einen von Limone heraufziehenden Steig trifft (Markierung Nr. 101). Nun ist es nur mehr ein kurzes Stück zum Aussichtspunkt auf der *Cima Mughera*. Danach wandert man zurück bis zum *Passo Rocchetta*, um dort links auf den Weg Nr. 622 abzuzweigen. Schließlich geht es hinab zur Forststraße und über diese weiter, bis rechts der Wanderweg nach Pregasina abzweigt.

TOP, weil ...

diese Rundwanderung den imposantesten Tiefblick auf den See bietet und zudem auch als Familienausflug geeignet ist.

INFO

Technische Details
Aufstieg: 630 Hm
Gesamtgehzeit: ca. 4 ½ Std.
Schwierigkeitsgrad: leicht

Weitere Informationen
Ingarda Trentino
Giardini di Porta Orientale 8
Riva del Garda (TN)
Tel. 0039 0464 554444
www.gardatrentinonline.it

Das Dorf Pregasina auf einer Bergterrasse über dem Gardasee

3 VIA ATTREZZATA MONTE ALBANO

GUTSCHEINE

für dieses Gebiet und Umgebung siehe Seiten 232–243

MORI – Die *Via attrezzata Monte Albano*, auch Mori-Klettersteig genannt, kann ohne weiteres als Vater aller schwierigen Klettersteige am Gardasee und in den nahen Dolomiten bezeichnet werden. 1976, als die Steiganlage durch die extrem ausgesetzte Wand des Monte Albano den Bergsteigern übergeben wurde, wagten nur die Besten eine Begehung. Heute hat sich der Rummel um dieses frühe Meisterwerk ein wenig gelegt. Auch die senkrechte Welt ist „einfacher" geworden ...

Wie kommt man hin?

Von Rovereto, Autobahnausfahrt Süd, in den Ortskern von *Mori*. Dort befinden sich mehrere ausgewiesene Parkplätze. Zu Fuß Richtung „Centro", dann rechts ab (Beschilderung „Via attrezzata") und hinauf zur Wallfahrtskirche Monte Albano. In wenigen Minuten erreicht man über den beschilderten Weg den Einstieg.

Kletterpassage in der „Via attrezzata"

Frontansicht Monte Albano

TOP, weil ...

der Anstieg einfach zu erreichen ist, einen kurzen Abstieg hat und das ganze Jahr über begangen werden kann.

INFO

Technische Details
Äußerst schwieriger Klettersteig
Gesamter Aufstieg: 425 Hm
Klettersteig: 185 Hm
Zeitbedarf insgesamt: 3–3 ½ Std.

Weitere Informationen
APT Rovereto e Vallagarina
Corso Rosmini 6
Rovereto (TN)
Tel. 0039 0464 430363
www.aptrovereto.it

Was wird geboten?

Obwohl der Monte Albano von Mori aus eher einem Hügel als einem Berg gleicht, ist der Klettersteig extrem steil, aber vor allem außerordentlich exponiert. Der Tiefblick ins Etschtal ist grandios, vorausgesetzt man findet Zeit, den Blick vom Stahlseil zu nehmen. Der Klettersteig liegt sozusagen im Flachland, also braucht man sich wegen des Wetters und der alpinen Gefahren etwas weniger Gedanken zu machen. Für den Aufstieg braucht es selbstverständlich die komplette Klettersteigausrüstung, inklusive Fallbremse und Helm. Dazu eine gehörige Portion Armkraft. Wer sich also zur guter Letzt trotzdem noch ein wenig eingeschüchtert fühlt, kann ganz gemütlich zur Wallfahrtskirche und über den einfachen Abstiegsweg, der gleich hinter der Kirche links startet, auf den Monte Albano wandern. Beide Unternehmungen bieten sich sozusagen das ganze Jahr über an.

4 MONTE SPINO

GUTSCHEINE

für dieses Gebiet und Umgebung siehe Seiten 244–263

COLOMBER – Dieser Anstieg führt von der kleinen Siedlung Colomber durch ein reizvolles Hochtal auf einen zerklüfteten Felskamm. Der Anstieg zum *Rifugio Pirlo allo Spino* erfolgt unproblematisch zuerst auf einem breiten Fahrweg, der dann in einen Saumweg übergeht. Der Gipfelanstieg ist steil und zum Teil auch ausgesetzt, wobei diese Etappe des Anstieges Schwindelfreiheit und absolute Trittsicherheit verlangt.

Wie kommt man hin?

Von Gardone über San Michele auf kurvenreicher Straße nach Colomber (405 m). Die kleine Siedlung liegt oberhalb von Gardone am Eingang zur *Val di Sur*. Einen Parkplatz gibt es im Ort oder am Ende der engen Straße in die *Val di Sur*.

Monte Spino im Winter

Blick auf Supiane

TOP, weil ...

uns diese Tour wieder einmal aus dem Rummel der zentralen Gardaseewelt in eine Oase der Ruhe und Idylle entführt, in der es auch noch eine kurze, aber interessante Kletterei gibt.

INFO

Technische Details
Aufstieg: 1080 Hm
Gesamtgehzeit: ca. 7 Std.
Trittsicherheit, Schwindelfreiheit und gute Kondition werden vorausgesetzt

Weitere Informationen
Ufficio Informazioni ed Accoglienza Turistica
Corso della Repubblica 6
Gardone Riviera (BS)
Tel. 0039 0365 20347
www.rivieradeilimoni.it

Was wird geboten?

Durch die *Val di Sur* bis zu den Gebäuden von *Verghere*, wo der Maultierweg beginnt, der mit der Nummer 1 markiert ist. Über diesen zum *Passo Spino* und dann weiter zum *Rifugio Pirlo allo Spino* (1165 m). Von der Hütte auf markiertem Pfad (Nr. 4A) in nördliche Richtung, dann über den freien felsigen Gipfelhang bis zu einem markanten Felssporn, wo der Aufstieg auf die Ostseite wechselt, und von dort zum Gipfel. Auf demselben Weg zurück zum *Passo Spino*, wo ein markierter Wanderweg über den Höhenrücken des *Monte Pirello* vorbei an der *Malga Fontanella* zurück nach Colomber führt. Wer es lieber ein wenig alpiner haben möchte, kann durch die *Val di Sur* bis zur Ruine der *Malga Gemelle* aufsteigen und dort auf den Klettersteig ausweichen (Beschilderung), der bis kurz unterhalb des *Rifugio Pirlo allo Spino* führt. Die *Ferrata Spigolo della Bandiera* setzt natürlich Klettersteigerfahrung und die komplette Klettersteigausrüstung voraus.

5 MONTE DENERVO UND CIMA COMER

GUTSCHEINE

für dieses Gebiet
und Umgebung
siehe Seiten 244–263

SASSO – Der *Monte Denervo*, 1459 m hoch, bildet zusammen mit der *Cima Comer* einen interessanten Zwillingsgipfel. Der Anstieg von Sasso aus führt zuerst entlang eines Saumpfades, geht dann aber in gut begehbare Gebirgssteige über. Der *Monte Denervo* hat keine eigentliche Spitze, sondern seine Gipfelhochfläche erstreckt sich mehrere hundert Meter von Nord nach Süd. Obwohl er größtenteils bewaldet ist, gibt es immer wieder weite offene Flächen, die als Weideland dienen und ganz unterschiedliche Ausblicke von außerordentlicher Schönheit bieten.

Wie kommt man hin?

Ausgangspunkt für die Gipfeltour ist *Sasso* (546 m), ein kleiner Ort oberhalb Gargnano, der über eine kurvenreiche Straße erreicht wird, die Richtung *Lago di Valvestino* führt. Am Ortseingang gibt es einen kleinen Parkplatz.

Die Schöpfteufelskralle

Hügellandschaft im Valvestino-Gebiet

Einfaches Ruderboot im Valvestino-See

TOP, weil ...

der ruhesuchende Wanderer hier am richtigen Platz ist.

INFO

Technische Details
Aufstieg: 920 Hm
Gesamtgehzeit:
ca. 5 Std.
Gute Kondition ist Voraussetzung

Weitere Informationen
Consorzio Turistico
Gargnano Relax
Piazzale Boldini 2
Gargnano (BS)
Tel. 0039 0365 791243
www.gargnanosulgarda.com

Was wird geboten?

Von Sasso aus geht die Tour über den Weg mit der Markierung Nr. 31 Richtung *San Valentino* durch Terrassenfelder, auf denen Wein und Oliven angebaut werden, bis man nach ungefähr einer halben Stunde Gehzeit auf dem ersten Hochplateau die Abzweigung (links abbiegen) zur *Cima Comer* erreicht. Es geht nun steiler durch den Wald, bis an einen Bach, an dem man neuerlich auf eine Abzweigung trifft. Nicht auf dem Weg Nr. 32 weiterwandern (der führt unter der *Cima Comer* hindurch), sondern rechts abbiegen. Steil hinauf und am Rand der Felsabstürze zum Gipfel der *Cima Comer (1279 m)*. Auf der anderen Seite durch den Wald hinab zur Wegverzweigung, geradeaus weiter, hinauf zur Kammhöhe und weiter zur freistehenden Gipfelkuppe des *Monte Denervo*. Zurück auf dem 32er-Weg zur *Malga Denervo* und nach Briano. Ab hier sind es noch 1,3 km Straße, bis man auf den Pfad Nr. 38 nach Sasso trifft.

6 PARETI ZEBRATE

GUTSCHEINE

für dieses Gebiet
und Umgebung
siehe Seiten 232–243

PIETRAMURATA – Die *Pareti Zebrate*, wörtlich übersetzt die zebragestreiften Wände oder „Sonnenplatten", wie sie gerne von den Kletterern aus Deutschland genannt werden, bieten eine grandiose Vielfalt an Kletterrouten in den verschiedensten Schwierigkeitsgraden. Dieses Kletterparadies ist vom Parkplatz aus in 15 Minuten zu erreichen, die Anstiege sind alle bestens abgesichert und der Kletterer kann sich dank der tiefen Lage und des Gardaseeklimas das ganze Jahr am festen Fels vergnügen!

Wie kommt man hin?

Von Trento durch die *Valle dei Laghi* nach *Pietramurata*. Weiter bis zur linker Hand gelegenen Fischzucht. Parkplatz ca. 100 m weiter rechts. Vom Gardasee kommend Richtung Pietramurata. Eine Tankstelle kurz vor der Fischzucht rechts dient als Anhaltspunkt. Parkplätze auch direkt bei der Bar an der Tankstelle.

Pareti Zebrate (Sonnenplatten)

Was wird geboten?

Die *Pareti Zebrate* sind das ideale Klettergebiet sowohl für den Könner als auch für den Kletterneuling. Alle Routen durch die langen Plattenfluchten sind mit Klebehaken versehen, auf den einzelnen Standplätzen gibt es genügend Platz und Fixpunkte, um auch größeren Andrang sicher zu bewältigen. Die Hakenabstände sind relativ kurz, bieten also auch dem Einsteiger große Sicherheit. Der Fels ist durchwegs fest und obwohl diese geneigte Plattenflucht von der Straße aus eher unscheinbar wirkt, sind die einzelnen Routen bis zu 400 m lang. Die Wegfindung ist ebenso wie ein eventuell notwendiger Rückzug einfach, der kurze Abstieg erfolgt über einen einfachen Steig. Durch die *Pareti Zebrate* führen Routen, die vom unteren Schwierigkeitsgrad weit hinein in die Welt der schweren Kletterei reichen. Die geografische Lage dieser Felswand und das Wetter ermöglichen die Begehung mehr oder weniger das ganze Jahr über. Im Sommer allerdings, wegen der Hitze, nur früh am Morgen oder spät am Nachmittag!

TOP, weil ...

die Klettereien einfach zu erreichen, bestens abgesichert und das ganze Jahr über begehbar sind.

INFO

Ingarda Trentino
Viale delle Palme 1
Arco (TN)
Tel. 0039 0464 532255
www.gardatrentinonline.it

Kletterer im Einsatz

7 SALÒ – DREI-KIRCHEN-RUNDGANG

GUTSCHEINE

für dieses Gebiet und Umgebung siehe Seiten 244–263

SALÒ – Diese Wanderung, die weder einen großen Höhenunterschied überwindet, noch in große Höhenlagen vorstößt, ist immerhin neun Kilometer lang! Die Route führt an den drei Wallfahrtskirchen *Santuario Madonna del Rio*, *Santuario della Madonna di Buon Consiglio* und *Santuario San Bartolomeo* vorbei. Die *Kirche Madonna del Rio* wurde laut Überlieferung im 18. Jahrhundert am Ort der Erscheinung der Muttergottes erbaut. Angeblich kann man heute noch ihre Fußabdrücke sehen.

Wie kommt man hin?

Von Salò auf der SS 45 (Staatsstraße) bis zur Abzweigung nach Renzano. Parkmöglichkeit zwischen der Abzweigung und dem ersten Bildstock Richtung Renzano.

Luftbildaufnahme von San Bartolomeo

Malerisches Kirchlein im Abendlicht

Was wird geboten?

Von der Abzweigung nach Renzano wandert man bis ins Dorf selbst. Ein Hinweisschild am oberen Ortskern weist den Weg zur *Madonna del Rio* (Markierung Nr. 16). Vom Wallfahrtsort ist ein Abstecher zu den nahe gelegenen Wasserfällen empfehlenswert. Rechts der Kirche geht es durch den Wald auf einem schmalen Pfad weiter, der an einer Weggabelung auf einen Saumpfad trifft. So kommt man zu den Häusern der Ortschaften Milordino und Milord. Dieser Weg führt dann weiter bis zum *Santuario della Madonna di Buon Consiglio* in der Ortschaft Bagnolo. Über den Weg Nr. 17B wird der *Passo della Stacca* (458 m) erreicht. Dort geht man nicht in Richtung Gardasee, sondern folgt der *Bassa Via del Garda* (Markierung Nr. 17) über den Grat. Im Ort Gardesina liegt dann das *Santuario San Bartolomeo*. Unterhalb der Kirche verläuft der Weg Nr. 17 BVG (*Bassa Via del Garda*), der herrliche Tiefblicke auf den See bietet und den Wanderer auf die *Gardesana Occidentale* bringt. Über diese kehrt man zum Ausgangspunkt zurück.

TOP, weil ...

diese Rundwanderung durch die typische Landschaft des südlichen Gardasees führt und zudem die Möglichkeit bietet, die drei Wallfahrtsorte auch einzeln zu erwandern.

INFO

Technische Details
Aufstieg: 400 Hm
Gesamtgehzeit:
ca. 4 ½ Std.
Anspruchsvolle Wanderung ohne alpinistische Schwierigkeiten

Weitere Informationen
Ufficio Informazioni ed Accoglienza Turistica
Piazzale Serenissima
Salò (BS)
Tel. 0039 0365 21423
www.rivieradeilimoni.it

8 VIA DELL'AMICIZIA UND CIMA SAT

GUTSCHEINE

für dieses Gebiet und Umgebung siehe Seiten 232–243

RIVA – Obwohl die Cima SAT nur eine kleine Erhebung ist und der Zustieg zum Klettersteig am Wasser beginnt, sollte dieser Anstieg nicht unterschätzt werden. Man könnte die *Via dell'Amicizia* ohne weiteres als alpinen Klassiker bezeichnen, der bei gutem Wetter das ganze Jahr über begehbar ist. In den heißen Sommermonaten sollte allerdings früh mit dem Anstieg begonnen werden. Der Blick auf *Riva* und den Gardasee aus der Vogelperspektive ist kaum zu überbieten!

Wie kommt man hin?

Von *Riva* (gebührenpflichtiger Parkplatz am südlichen Ortsausgang rechts) kurz zurück zum Pflasterweg, der zum Bastione führt. Über den Wanderweg 404 weiter zum Rifugio Santa Barbara. Dort zweigt kurz unterhalb des Santa-Barbara-Kirchleins der Zugang zum Klettersteig ab (Wegschild).

Was wird geboten?

Die *Via dell'Amicizia* ist eine interessante Tagestour mit relativ langem Zu- und Abstieg. Zwischen den mit Stahlseil gesi-

Kletterin in Aktion

Riva mit Hafen

TOP, weil …

es wenige alpine Anstiege gibt, die direkt über dem Wasser liegen und bei gutem Wetter auch eine „Winterbegehung" zulassen.

INFO

Technische Details
Anspruchsvoller, schwieriger Anstieg, zum Teil sehr exponiert
Gesamter Aufstieg: 1193 Hm
Klettersteig: 580 Hm
Zeitbedarf insgesamt: 6–6 ½ Std.

Weitere Informationen
Ingarda Trentino
Giardini di Porta Orientale 8
Riva del Garda (TN)
Tel. 0039 0464 554444
www.gardatrentinonline.it

cherten Felspassagen gibt es immer wieder einfaches Gehgelände. Von den Leiteranstiegen, die zum Großteil sehr lang, aber vor allem ungemein ausgesetzt sind, bietet sich ein grandioser Tiefblick auf die Ortschaft Riva und den Gardasee. Allerdings sollte der Bergsteiger absolut schwindelfrei sein und die Klettersteigtechnik gut beherrschen! Kurz unterhalb des Einstieges in den Klettersteig liegt der Rifugio Santa Barbara. Hier kann man gut eine Rast einlegen und das letzte Mal Wasser fassen. Die Wanderung zum Rifugio und dem nahe gelegenen Kirchlein ist, auch wenn die *Via dell'Amicizia* selbst nicht in Angriff genommen wird, ein empfehlenswertes Ausflugsziel!

9 RIFUGIO CIMA REST – MONTE CAPLONE

GUTSCHEINE

für dieses Gebiet
und Umgebung
siehe Seiten 244–263

MAGASA – *Cima Rest* ist eine kleine Ortschaft der etwa 200 Einwohner starken Berggemeinde Magasa im oberen Valvestino-Tal. Die Berggemeinschaft *Parco Alto Garda Bresciano* hat die charakteristischen, mit Stroh gedeckten Heuschober beim *Rifugio Cima Rest* renoviert und für Urlauber als Übernachtungsmöglichkeit zugänglich gemacht. Zudem wurde die Berghütte *Lo Scoiattolo* (Alm *Malga Corva*) in ein kleines Volkskundemuseum umgebaut und in der Nähe eine Sternwarte errichtet. Die nähere Umgebung bietet Wander-, Reit- und Bergradbegeisterten ein fast unbegrenztes Betätigungsfeld.

Wie kommt man hin?

Anfahrt zum *Rifugio Cima Rest* von Magasa auf schmaler, aber asphaltierter Straße. Von Gargnano Richtung Valvestino und Magasa. Die Straße steigt für ca. 10 km mit wunderbarem Blick auf den Gardasee den Berg entlang an und führt

Blick auf Toscolano-Maderno

Buchenwald in der Valvestino

dann zum *Lago di Valvestino*. Am Ende des Stausees von Valvestino über eine kleine Brücke, dann rechts abzweigen Richtung Magasa.

Was wird geboten?

Dieser Anstieg führt den Wanderer zum Teil auf alten Kriegssteigen, zum Teil auf Wirtschaftswegen und schmalen Bergsteigen durch eine wilde, urtümliche Landschaft. Vom *Rifugio Cima Rest* geht es auf breitem Wirtschaftsweg vorbei an zahlreichen Almen bis zur Waldgrenze, dann weiter auf rot-weiß markiertem Steig und später auf einem alten Kriegssteig und durch einen Felsentunnel zur *Bocca di Campei* (1822 m). Von hier führt ein steiler Pfad hinauf auf den Gipfel des *Monte Caplone* auf 1976 m. Der Abstieg führt zurück über die *Malga Tombea* und von dort auf breitem Almweg vorbei an zahlreichen Kriegsunterständen bis zur *Bocca di Caplone*. Dort hat man einen ausgezeichneten Blick auf den Idro-See! Von der *Bocca* wandert man auf breitem Fahrweg hinunter zur Denai-Almfläche und schließlich weiter zur *Malga Alvezza* oberhalb des *Rifugio Rest*.

TOP, weil ...

man vor oder nach dieser Wanderung in das historische Umfeld des Ersten Weltkrieges ganz urig in einem alten Heuschober übernachten kann.

INFO

Technische Details
Aufstieg: 770 Hm
Gesamtgehzeit: ca. 5 Std.
Gute Kondition wird vorausgesetzt

Weitere Informationen
C.F.V.-Agenzia di Valle Turano di Valvestino
Località Cluse (BS)
Tel. 0039 0365 745007
Mobil 0039 334 6686327
www.consorzioforestalevalvestino.com
www.bresciainbici.it

10 WANDERN AM MONTE BALDO

GUTSCHEINE

für dieses Gebiet
und Umgebung
siehe Seiten 263–273

MALCESINE – Der Monte Baldo ist mit über 2000 m das höchste Bergmassiv am Gardasee. Der Höhenrücken, der das Ostufer des Sees vom Etschtal trennt, ist über 30 km lang und beheimatet auf seinen Hängen über 800 verschiedene Pflanzenarten, darunter befinden sich auch einige botanische Raritäten. Der Monte Baldo bietet fast das ganze Jahr über unzählige Wander- und Ausflugsmöglichkeiten, dazu eine überwältigend schöne Aussicht.

Wie kommt man hin?

Malcesine liegt am Ostufer des Gardasees und ist von Torbole aus über die östliche Uferstraße (*Gardesana Orientale*) mit dem Auto erreichbar. Die Zufahrt zur Großkabinenbahn liegt gut ausgeschildert direkt im Ortskern von Malcesine. In unmittelbarer Nähe gibt es Parkplätze sowie eine Tiefgarage. APT-Busse pendeln stündlich zwischen Riva und Verona.

Monte Baldo – Blick auf die Hochebene Brentonico

Was wird geboten?

Der *Sentiero delle Creste* ist ein Fernwanderweg, der sich über einen Höhenrücken von den ersten Almen der Ortschaft Caprino bis nach *Bocca di Neve* im Trentino schlängelt. Um diesen Weg gemütlich zu begehen, braucht es zwei ganze Tage. Es ist jedoch möglich, die Wanderung in veränderter Streckenführung auf einen Tag zu verkürzen. Diese Strecke führt von der Wiese über den botanischen Garten in Novezzina bis nach *Tratto Spino*. Eine Parkmöglichkeit gibt es bei der Kehre nach dem botanischen Garten. Zuerst geht man ein kurzes Stück hinauf zur großen Wiese, dann weiter nach Südwesten, wo man ohne größere Schwierigkeiten aufsteigt bis auf 1800 m. Hier öffnet sich der Blick auf das Etschtal und die Lessinischen Berge. Über den *Rifugio Telegrafo* kommt man zum gleichnamigen Gipfel, der ein überwältigendes Panorama auf die Zentralalpen bietet. Dann überschreitet man die Gipfel *Valdritta* und *Pozetta*, um schließlich nach *Tratto Spino* abzusteigen. Von hier führt der Rückweg über eine ruhige Schotterstraße nach *Novezzina*.

TOP, weil ...

der Monte Baldo wirklich das ganze Jahr über herrliche Wandermöglichkeiten bietet. Schneereiche Winter verwandeln zudem den Höhenrücken in ein Paradies für Schneeschuhwanderer.

INFO

Technische Details
Aufstieg: 800 Hm
Gesamtgehzeit: ca. 10 Std.
Schwindelfreiheit und gute Kondition werden vorausgesetzt

Weitere Informationen
Seilbahn Malcesine
Monte Baldo (VR)
Tel. 0039 045 7400206
www.funiviedelbaldo.it

Monte Baldo – Blick auf den See

10 WEIN, OLIVEN, ZITRONEN & MEHR

Weintrauben in Bardolino

1 STRADA DEL VINO UND WEINMUSEUM

GUTSCHEINE

für dieses Gebiet und Umgebung siehe Seiten 263–273

BARDOLINO – Immer noch bestimmen Wein und Wasser das Geschehen in Bardolino. Während sich die Badefreudigen von den Stränden und einer von zwei Halbinseln eingefassten Seepromenade anlocken lassen, führt sich der Rest der Menschheit mit Hingabe den süffigen Bardolino zu Gemüte. Direkt hinter Bardolino und Cisano beginnen die Weinberge. Die schmalen Straßen, die sie untereinander verbinden, schließen sich zur *Strada del Vino* zusammen, die von Bardolino über Calmasino bis weit hinunter nach Castelnuovo führt.

Wie kommt man hin?

Von Norden über die östliche Uferstraße (*Gardesana Orientale*) nach *Bardolino* oder von der Autobahnausfahrt Affi zuerst nach Garda und dann weiter nach *Bardolino*. Parkmöglichkeiten (gebührenpflichtig) gibt es neben der Kirche *San Severo*, öffentliche Busse pendeln stündlich zwischen Verona und

Weinberge in Bardolino

Garda, Fähren legen etwa stündlich ab, sowohl Richtung Norden als auch Richtung Süden. Das Weinmuseum befindet sich in der *Via Costabella* südlich oberhalb von Bardolino.

Was wird geboten?

Entlang der *Strada del Vino* gibt es 43 Winzer, die ihre Produkte im Direktverkauf anbieten. Kein Wunder, dass Bardolino bei den deutschen Urlaubern so beliebt ist. Der Bardolino kann natürlich vor dem Kauf ausgiebig verkostet werden. Das Weinmuseum der Gebrüder Zeni wiederum vermittelt einen ausgezeichneten Einblick in die Geschichte des Weines und seiner Herstellung. Das Haupthaus des großen Weingutes wurde umgestaltet und zur Gänze als Museum eingerichtet. Allerlei Utensilien aus Vergangenheit und Gegenwart sind ausgestellt und ein Kurzfilm gibt weiteren Aufschluss über den lokalen Wein. Aber wirkliches Weinverständnis kommt erst bei der Verkostung der verschiedenen Tropfen auf, die danach selbstverständlich zum Verkauf angeboten werden. Für die Edeltropfen *Amarone* und *Recioto* gibt es eigene Verkostungen. Eine Vormerkung ist auf alle Fälle angebracht.

TOP, weil …

weder der billige, noch der teure Bardolino Kopfschmerzen bereiten und die Strada del Vino gegebenenfalls auch mit dem Drahtesel befahren werden kann.

INFO

Consorzio Tutela Vini Bardolino
Piazza Matteotti 8
Bardolino (VR)
Tel. 0039 045 6212567
www.winebardolino.it

Weinmuseum
Cantina Vinicola F.lli Zeni
Via Costabella 9
Bardolino (VR)

Hafen von Bardolino

TIPP

Vigneti Villabella

Produktion und Verkauf von Veroneser Weinen. Besichtigungen und Verkostungen auf Anfrage.

*Località Canova 2
I-37011 Calmasino di Bardolino (VR)
Tel. 0039 045 7236448
Fax 0039 045 7236704
www.vignetivillabella.com
www.villacordevigo.com
info@vignetivillabella.com*

2 STRADA DEI VINI E DEI SAPORI DEL GARDA

GUTSCHEINE

für dieses Gebiet und Umgebung siehe Seiten 244–263

Der Naturpark *Parco Alta Garda Bresciano,* der weit oben an der Nordseite des Sees beginnt, die Valtenesi, die von Padenghe bis San Felice reicht und das Hinterland miteinschließt, sowie die *Colline Moreniche* (Moränenhügel), die sich am Südende des Sees bis nach Peschiera ausstrecken, bilden zusammen eine einzigartige Gegend, die sich ganz den Köstlichkeiten aus Küche und Keller verschrieben hat.

Wie kommt man hin?

Die drei Gebiete *Parco Alta Garda Bresciano*, *Valtenesi* und *Colline Moreniche* erstrecken sich über die gesamte Südwestseite des Gardasees, also von Riva bis Peschiera, das Hinterland miteinbezogen. Die Anfahrt zu den einzelnen Ortschaften erfolgt über die westliche Uferstraße (*Gardesana Occidentale*). Ein detailliertes Programm anfordern und dann die Reise planen!

Moränenhügel mit Weinbergen bei S. Martino della Battaglia

Produkte der Riviera Bresciana

TOP, weil ...

der Zusammenschluss dieser drei Gardasee-Regionen ein außergewöhnlich reichhaltiges und vielfältiges gastronomisches Angebot mit sich gebracht hat.

INFO

Strada dei Vini e dei Sapori del Garda
Via Porto Vecchio 34
Desenzano del Garda (BS)
Tel. 0039 030 9990402
www.stradadeivini.it

Was wird geboten?

Die „Straße des Weines und der Köstlichkeiten" ist eine wertvolle Ergänzung des touristischen Angebots am Gardasee. Um auf die verschiedensten gastronomischen Wünsche bestmöglich eingehen zu können, bieten die Mitglieder des Konsortiums der Gardasee-Weinstraße individuell zusammengestellte Programme. Darin finden sich sowohl Tagesangebote, die Besichtigungen von Weinkellern und Ölmühlen umfassen, als auch Mehrtagesunternehmungen, bei denen Besichtigung und Verkostung kombiniert werden. Im Mittelpunkt stehen dabei die Landschaft des Gardasees und ihre einzigartigen Produkte. Der *Garda Classico* ist hier ebenso zu Hause wie der *Lugana* und der *San Martino della Battaglia* aus den bekannten Weingütern des Tocai. Zu erwähnen sind selbstverständlich auch die Trüffel und das *Olio Extra Vergine* der Valtenesi sowie die traditionellen Gerichte der *Colline Moreniche*.

3 LIMONAIE DEL GARDA

GUTSCHEINE

für dieses Gebiet
und Umgebung
siehe Seiten 244–263

Die Zitronengärten am Gardasee inspirieren schon sei jeher die Schriftsteller aus aller Welt, prägen aber vor allem das Landschaftsbild des Seeufers. Im 18. Jahrhundert erlebte der Zitronenanbau seine Blütezeit, die Struktur der „Limonaie" wurde andauernd verbessert, der Anbau rationalisiert. Die qualitativ hochwertigen Früchte exportierte man hauptsächlich nach Zentraleuropa. So entstand im Laufe der Zeit rund um den Gardasee das nördlichste Anbaugebiet für Zitrusfrüchte.

Wie kommt man hin?

Die schönsten, restaurierten Gärten finden sich in Gargnano oberhalb der Gardesana bei Giuseppe Gandossi und Lorenzo Trevisani sowie in Maderno, Piazza Salvo d'Aquisto, in

Limonaie im Dorf Limone

Hafen von Limone

TOP, weil ...

die Limonaia del Castèl nicht nur Gartengeschichte geschrieben hat, sondern immer noch einen Hauch von Romantik birgt und zudem wieder ein voll funktionierendes Gewächshaus ist.

INFO

La Limonaia del Castèl (BS)
Tel. 0039 0365 954008
www.visitlimonesulgarda.com

Besichtigung
31. März–30. Okt. von 10–18 Uhr täglich geöffnet, 1. Nov.–9. März von 14–17 Uhr nur sonntags geöffnet

Fasano hinter dem Krankenhaus S. Anna und in Gardone hinter der Kirche S. Nicolò. Verwilderte, mit einem Hauch von Romantik behaftete Limonaie gibt es beim Surf-Point Al Prà an der Punta Reàmol. In Limone ist die *Limonaia del Castél* zu besichtigen.

Was wird geboten?

Der Gardasee verfügt zwar über ein mediterranes Klima, doch schieben sich Kälte und Winterstürme über den Südrand der Alpen bis hin zum See. Um die Zitronen, die bis dahin nur ein spärliches Dasein an den Westhängen über Bogliaco fristeten, vor den Kälteeinbrüchen zu schützen, erfand Graf Carlo Bettoni-Cazzago im 18. Jahrhundert Treibhäuser für diese Zitrusfrucht, die so genannten „Limonaie". Diese terrassierten Bauten, umgeben von hohen, wärmespeichernden Wänden, wurden von November bis März mit Holzbalken und Glasplatten winterfest gemacht. Heute bietet das Zitronengewächshaus *„del Castèl"* in Limone auf 1633 m² einen perfekten Einblick in die Anbaugeschichte. Der bauliche Ursprung dieses öffentlich zugänglichen Gewächshauses, das rund 50 Zitrusgewächse beherbergt, die alle auf traditionelle Art und Weise angebaut werden, geht auf Anfang des 18. Jahrhunderts zurück.

4 OLIVENÖLGEWINNUNG AM GARDASEE

GUTSCHEINE

für dieses Gebiet und Umgebung siehe Seiten 244–273

Der Gardasee ist in der ganzen Welt für seine zahlreichen Olivenbaumkulturen bekannt. Dank des milden Klimas werden hier bereits seit der Antike Oliven angebaut und Öl gewonnen. Das *Olio Extravergine d'Oliva del Garda* ist ein äußerst hochwertiges Olivenöl, das nicht umsonst die Gütebezeichnung D.O.P. (geschützte Ursprungsbezeichnung für Lebensmittel) trägt. Es zeichnet sich durch einen fruchtig leichten, angenehm pikanten Geschmack aus, der jedes mediterrane Gericht abrundet – insbesondere natürlich die kulinarischen Spezialitäten des Gardasees.

Erstverkostung des frisch gepressten Olivenöls

Olivenernte

TOP, weil ...

man bei einem Besuch der beiden Ölmühlen viel Interessantes über die Olivenölgewinnung und deren Geschichte lernen sowie die verschiedenen Öle probieren und erwerben kann.

INFO

Oleificio Cisano
Via Peschiera 54
Cisano (VR)
Tel. 0039 045 6229047
www.museum.it

Besichtigung
Mo–Sa von 9–12.30 Uhr, 14.30–19 Uhr; Sonn- und Feiertage von 9–12.30 Uhr

Wie kommt man hin?

Ölmühle Montecroce: Von der Autobahn Brescia–Padova *A4* über die SS 11 Richtung Desenzano del Garda. Beim Zusammentreffen mit der „Mini-Tangenziale" links abbiegen auf den Viale Ettore Andreis.
Ölmühle Cisano, Via Peschiera, 54, 37011 Cisano (VR).

Was wird geboten?

Den umfassendsten Einblick in die Olivenölgewinnung bekommt man bei einem Besuch der Ölmühlen, der so genannten „Frantoi". Dabei kann man die Olivenplantagen begehen, die Mühlen besichtigen und eine große Auswahl an Ölen probieren und kaufen. Zu erwähnen ist hier die Ölmühle Montecroce der Familie Ramanzini. Seit rund 50 Jahren produziert sie im hügeligen Hinterland des Städtchens Desenzano erstklassige Olivenöle. Die Oliven, die zumeist aus dem eigenen Anbau stammen, unterliegen einer strengen Auslese, damit ein hoher Qualitätsstandard gewährleistet werden kann. In der Ölmühle Cisano hingegen wird nicht nur Öl aus den Oliven gewonnen. Seit kurzem bietet der Betrieb eine komplette Kosmetiklinie an, die die Wirkstoffe des nativen Olivenöls in Verbindung mit anderen wichtigen Inhaltsstoffen pflanzlicher Herkunft zur Geltung bringt. Ein Museum rundet die Palette ab und gewährt Einblick in ein Produktionssystem, das über mehr als tausend Jahre ein fester Bestandteil des bäuerlichen Lebens war.

TIPP

Frantoio Montecroce

Ausgezeichnet in der Kategorie: fruchtig leichtes Öl, als bestes Olivenöl der Welt im internationalen Wettbewerb „Sol d'Oro/Vinitaly 2004 und Los Angeles C-Fair 2004".

Viale Andreis 84
I-25015 Desenzano del Garda
Tel./Fax 0039 030 9911504
www.frantoiomontecroce.it
info@frantoiomontecroce.it

5 SAN MARTINO DELLA BATTAGLIA

GUTSCHEINE

für dieses Gebiet
und Umgebung
siehe Seiten 244–263

Die Produktion des einst sehr bekannten Weißweines *San Martino della Battaglia* war fast schon eingestellt worden, als es einer Gruppe von Weinerzeugern gelang, für diesen Wein das Prädikat DOC (kontrolliertes Anbaugebiet) zu erhalten. Der kleine Ort San *Martino della Battaglia,* wo im Juni 1859 die entscheidende Schlacht des Risorgimento (italienischer Unabhängigkeitskrieg) geschlagen wurde, gab dem Wein seinen Namen.

Blick vom Turm „San Martino della Battaglia"

Colline Moreniche (Moränenhügel)

TOP, weil ...

dieses kleine Anbaugebiet mit Spitzenweinen aufwartet und sich auch als ideales, geschichtsträchtiges Freizeitziel anbietet.

INFO

Selvacapuzza
Località Selvacapuzza
Desenzano (BS)
Tel. 0039 030 9910279
www.selvacapuzza.it

Wie kommt man hin?

Über die Autobahn A4, Mailand–Venedig, Ausfahrt Sirmione nehmen. Nach der Ausfahrt ist der Weiterweg nach *San Martino della Battaglia* beschildert.

Was wird geboten?

Das Anbaugebiet des *San Martino della Battaglia* ist eines der kleinsten kontrollierten Weinanbaugebiete Italiens. Der Wein aus den Trauben des friulanischen Tokai wird in den Gemeinden Desenzano del Garda, Lonato, Pozzolengo, Sirmione sowie Peschiera del Garda hergestellt. Das Landgut *Selva Capuzza* liegt in der Nähe des Örtchens *San Martino della Battaglia* inmitten der malerischen Hügellandschaft des südlichen Gardasees. Auf dem weitläufigen Anwesen befinden sich ein Weingut, ein Restaurant sowie ein sogenannter Agriturismo (Hofschank-Betrieb, wo einfache, aber schmackhafte Gerichte aus selbst hergestellten Produkten angeboten werden). Das Gut verfügt über 50 ha Land, auf dem vorwiegend Wein, aber auch Trüffel und Oliven angebaut werden. Der *San Martino della Battaglia* ist einer der neun Spitzenweine, die dort gekeltert werden. Das malerische Weingut kann im Rahmen von Führungen besichtigt, und die Weine können verkostet werden.

6 DER GARDASEE UND SEINE FISCHE

GUTSCHEINE

für dieses Gebiet
und Umgebung
siehe Seiten 263–273

Ferienorte wie Lazise und Garda haben früher hauptsächlich vom Fischfang gelebt, der für die Bevölkerung von großer wirtschaftlicher Bedeutung war. In der traditionellen Küche wird deshalb vor allem Seefisch zubereitet, und somit haben die Einwohner von Garda eine ganz andere Küche anzubieten als die Bewohner von Verona und Umgebung. Im Gardasee leben immer noch über 30 Fischarten und der Fisch aus diesem See bleibt eine Spezialität. Zu den ganz besonderen Arten zählen die Aole – sie ist der kleinste Fisch im See – und die berühmte Süßwassersardine, die weltweit nur im Gardasee anzutreffen ist.

Altes Fischerboot

Gardasee-Sardinen

TOP, weil ...

man nicht an die Adria fahren muss, um eine große Auswahl an frischen Fischen, bestens zubereitet, genießen zu können.

INFO

Cooperativa Fra Pescatori
Via Antiche Mura 8
Garda (VR)
Tel. 0039 045 6270545

Wie kommt man hin?

Eine Empfehlung, falls Sie keinen Fischer persönlich kennen: das Fischgeschäft *La Pescheria* (Via Antiche Mura 8 – Tel. 0039 045 6270545) von der Fischereigenossenschaft *Cooperativa Fra Pescatori* in Garda.

Was wird geboten?

Viele verschiedene Fischarten haben ihr Habitat im Gardasee. Am häufigsten trifft man auf die Gardaseeforelle (*Carpione*), die sich hauptsächlich von Plankton ernährt und ein Gaumengenuss für Feinschmecker ist. Weitere wichtige Fischarten, die den See bevölkern, sind die Forelle, der Hecht, der Perlfisch, die Blaufelche, die Schleie, die Barbe, der Aal und der Weißfisch. Der Gardasee ist öffentliches Eigentum und zum Fischen braucht es eine Genehmigung. Ausländer müssen einen Angelschein erwerben. Der Gardasee ist schwierig zu beangeln. Das Wasser ist sehr klar und damit weit- und tiefsichtig. Da ist es für den gemeinen Touristen wohl einfacher, sich in ein gemütliches Restaurant zu setzen, um sich dort eine der vielen Fischarten aus dem See auftischen zu lassen – *Sardéne en saôr*, Sardinen in süßsaurer Sauce zum Beispiel oder *Luccio in salsa,* Hecht in Sauce.

7 MITTELALTERLICHE PAPIERHERSTELLUNG

GUTSCHEINE

für dieses Gebiet und Umgebung siehe Seiten 244–263

TOSCOLANO-MADERNO – Im Mittelalter wurde das Wildwasser des Toscolano-Flusses, der sich seinen Weg durch das *Valle delle Camerate* bahnt, zum Antreiben der Papiermühlen genutzt. Im 14. Jahrhundert war die Ortschaft Toscolano-Maderno in ganz Europa für ihr Büttenpapier und das Tal als *Valle delle Cartiere* bekannt. Drucker aus ganz Italien, aber vor allem aus dem Raum Venedig, Treviso und Brescia siedelten sich in der Ortschaft an. Der Handel mit den Papierprodukten reichte bis in den Orient.

Wie kommt man hin?

Toscolano-Maderno liegt am Westufer des Gardasees. Anfahrt über die westliche Uferstraße (*Gardesana Occidentale*). Kostenlose Parkplätze in Maderno an der Uferstraße Lungolago Zanardelli. Der Wanderweg ins *Valle delle Camerate* beginnt an der Brücke von Toscolano, die über den gleichnamigen Sturzbach führt. Der Schotterweg ist auch mit dem

Renovierte Papiermühle

Fahrrad befahrbar. Mit dem Bus von Desenzano oder mit dem Boot bis Maderno und dann zu Fuß ins Tal (Rundwanderung, ca. 2 Stunden).

Was wird geboten?

Heute beheimatet das Tal der Papiermühlen ein romantisches Museum, welches im Pförtnerhäuschen der ehemaligen größten Papierfabrik untergebracht ist. Wie so vieles ging auch das alte Handwerk der Papierherstellung durch die Industrialisierung verloren. Die charakteristischen Wasserzeichen der damaligen Handwerker, Lamm, Schere, Waage und Ochse mit Kreuz, garantierten nicht nur hervorragende Qualität, sondern helfen heute noch bei der Datierung wichtiger Dokumente. Auf einem gemütlichen Spaziergang durch das idyllische und einsame Flusstal, das übrigens für den Autoverkehr gesperrt ist, kommt man an mehreren der historischen Gemäuer vorbei. Für die Rundtour durch diese wildromantische Gegend mit tosendem Wasserfall und einer üppigen Natur, die langsam die Überreste der Baulichkeiten zurückerobert, braucht man ca. zwei Stunden.

TOP, weil …

sich hier Geschichte, Kultur, körperliche Betätigung und Entspannung sowie kulinarische Genüsse auf engstem Raum verbinden lassen.

INFO

Museo della Carta
Maina Inferiore (BS)
Tel. 0039 0365 641330

Besichtigung
Juni–Sept. von Di–So 15–19 Uhr geöffnet, Juli und Aug. von Fr und Sa auch bis 21.30 Uhr geöffnet

Luftaufnahme des Tales

TIPP

Restaurant La Cascina del Garda

Außergewöhnliches Restaurant mit extravaganter Küche, in der die Köchin Martinella und ihr Sohn Federico für jede Saison neue Speisen zaubern.

*Via Sant'Ambrogio 24
I-25088 Toscolano Maderno (BS)
Tel./Fax 0039 0365 548022
www.lacascinadelgarda.com
Federico@lacascinadelgarda.com*

8 DAS VIELSEITIGE VALTENESI

GUTSCHEINE
für dieses Gebiet
und Umgebung
siehe Seiten 244–263

Das *Valtenesi*, die Hügellandschaft, die sich südlich von Salò bis Desenzano erstreckt, wird gerne mit der Toskana verglichen. Die steilen Berge verschwinden und gehen in eine ruhige Landschaft, geprägt von Weinbergen und Olivenhainen, über. Diese fruchtbare Gegend produziert neben hochwertigem Wein und Olivenöl von feinster Qualität, die heiß begehrten Trüffel. Der Gardaseegletscher, der seine Moränen stetig nach Süden schob, ließ diese fruchtbare Hügellandschaft entstehen.

Wie kommt man hin?

Über die Autobahn A4 Brescia–Padova, Ausfahrt Desenzano, weiter auf der SS 572 (Staatsstraße) nach Moniga, Manerba und San Felice del Benaco. Nach Padenghe, Soiano, Polpenazze und Puegnago zuerst über die SS 572, dann auf die SP 25 (Landstraße) abzweigen.

Produkte aus der Hügellandschaft „Valtenesi"

Tartufi bresciani (Trüffel)

TOP, weil ...

das Valtenesi ein Gebiet ist, das sowohl zu Streifzügen als auch zum gemütlichen Verweilen einlädt.

INFO

Tourist Coop Valtenesi
Piazza Municipio 1
San Felice del Benaco (BS)
Tel. 0039 0365 558160
www.gardavaltenesi.com

Was wird geboten?

Obwohl das *Valtenesi* eine äußerst fruchtbare Landschaft ist, gibt es keine größeren Ortschaften, sondern nur sieben kleine Gemeinden mit den jeweils dazugehörigen Fraktionen und Weilern. Die Strände sind hier größer als in den restlichen Ufergebieten, wobei niveauvolle Campingplätze zum Bleiben am Strand einladen. Das *Valtenesi* ist übrigens berühmt für seinen hervorragenden Wein, den Garda Classico, und für die gute einheimische Küche. Zudem bieten die fruchtbaren Moränenhügel – Überbleibsel aus der Eiszeit – ideale Bedingungen für mehrere Trüffelsorten. Wie es scheint, gibt es in dieser Gegend genügend Plätze, die vom Massentourismus verschont geblieben sind. Die Hauptverkehrsader verläuft im Hinterland, die Strände werden über kleine Straßen erreicht – ideal für Radfahrer. Ein Ausflug ins Hinterland empfiehlt sich besonders für Wanderer und Spaziergänger.

TIPP

Agriturismo Macesina

Idealer Ausgangspunkt für diejenigen, die den Gardasee, Brescia und Umgebung, die lombardischen und venetischen Kunststädte besichtigen wollen, ohne auf die Ruhe und natürliche Eleganz eines alten Landhofes zu verzichten.

Via Borghetto 22
I-25081 Bedizzole (BS)
Tel. 0039 030 6871737
Handy 0039 335 7504759
www.macesina.it
info@macesina.it

9 TRAUBENKUR IN BARDOLINO

GUTSCHEINE

für dieses Gebiet und Umgebung siehe Seiten 263–273

BARDOLINO – Schon der europäische Adel wusste, dass die Weintraube gut für Körper und Geist ist, als er Ende des 19. Jahrhunderts die Traubenkur am Gardasee einführte. Im Herbst, in angenehm mildem Klima und in herrlicher Umgebung, tankte man Energie für den bevorstehenden Winter. Eine Tradition, die seitdem bestehen blieb. Heute erfreut sich die Traubenkur in Bardolino, aber auch in Arco, Riva, Garda und Torbole besonderer Beliebtheit.

Wie kommt man hin?

Bardolino liegt an der Ostseite des Sees nördlich von Lazise und südlich von Garda. Linienbusse kommen von Verona, Riva, Desenzano und Garda. Auch Fährverbindungen Richtung Norden und Süden gibt es mehrmals am Tag.

Weintrauben in Bardolino

Was wird geboten?

Zahlreiche illustre Gäste aus dem mitteleuropäischen Adel fanden sich in der Zeit zwischen 1800 und 1900 in den verschiedenen Ortschaften am Gardasee ein, um das milde, wohltuende Klima zu genießen. Man verband das Angenehme mit dem Nützlichen, beschäftigte sich mit der Pflege des eigenen Körpers und kam so auch in den heilsamen Genuss der berühmten Traubenkur. Immer noch ist die Traubenkur eine anerkannte Diät von hohem therapeutischen Wert. Sorgfältig ausgewählte Trauben und Most werden angeboten, um die Verdauung anzukurbeln, den Kreislauf und Stoffwechsel in Schwung zu bringen sowie die Leber- und Nierentätigkeit anzuregen. Nicht zuletzt hebt die Traube die Stimmung! Dafür sorgt auch ein reichhaltiges Rahmenprogramm, das sich von der Wein- und Schnapsverkostung über ein erlesenes Angebot an heimischen Gerichten bis hin zu Musik- und Theatervorführungen erstreckt.

TOP, weil ...

eine Traubenkur in Bardolino nicht nur Urlaub ist, sondern bei mildem Herbstwetter Körper, Geist und Seele wieder ins Gleichgewicht bringt.

INFO

Associazione Strada del Vino Bardolino
Piazza Matteotti 8
Bardolino (VR)
Tel. 0039 045 6212567
www.winebardolino.it

Weinberge in Cisano

TIPP

Weinkellerei Lenotti

Eine Weinkellerei mit Geschichte. Die neu renovierte, historische Verkaufsstelle bietet in einem behaglichen Ambiente die typischen Qualitätsweine des Gardasees auch im Direktverkauf an.

Via S. Cristina 1
Strada Gardesana
I-37011 Bardolino
Tel. 0039 045 7210484
Fax 0039 045 6212744
www.lenotti.com
info@lenotti.com

10 KAVIAR UND FRANCIACORTA-SEKT

GUTSCHEINE

für dieses Gebiet und Umgebung siehe Seiten 244–263

VIADANA DI CALVISANO – Wie alle guten Dinge so ist auch der Kaviar in Italien „erfunden" worden. Calvisius, ein Edelmann, der auch dem Ort Calvisano seinen Namen gab und der als Feinschmecker galt, nutzte das ausgezeichnete Quellwasser des Dorfes, um Störe zu züchten. Den Kaviar ließ er seinen Gästen servieren – in feinen Silberschalen und eisgekühlt. Heute kann der Calvisius-Kaviar in edler Kombination mit dem Franciacorta-Sekt genossen werden!

Wie kommt man hin?

Der Sitz der Agroittica Lombarda SpA befindet sich in der Po-Ebene, genauer gesagt in der Provinz Brescia und zwar in der Ortschaft *Viadana di Calvisano*, Via Kennedy 101 (www. routenplaner.yahoo.net).

Weinberge mit „Castello di Gussago" im Hintergrund

Castello Passirano

TOP, weil ...

Kaviar und Sekt die perfekte Kombination sind.

INFO

Associazione Strada del Vino Franciacorta
Via Verdi 53
Erbusco (BS)
Tel. 0039 030 7760870
www.stradadelfranciacorta.it

Was wird geboten?

Der weiße Stör, der den Calvinius-Kaviar liefert, wird das ganze Jahr über gezüchtet. Dadurch wird eine lückenlose Überwachung der Produktion garantiert und eine außerordentlich hohe Qualität erzielt. Die Kaviarproduktion erstreckt sich von Oktober bis April, sodass der Kaviar über einen großen Zeitraum des Jahres auf Abruf frisch geliefert werden kann. Wilder Kaviar hingegen kann nur zwei Mal im Jahr über kurze Perioden extrahiert werden.

Franciacorta ist eine noch junge Weinbauregion in der Lombardei, die 19 Gemeinden in der Provinz Brescia umfasst. Eine Weinstraße in abwechslungsreicher Landschaft verbindet die Ortschaften untereinander. Trotz seiner guten Lage auf den mineralischen Böden der Alpenausläufer sowie des milden Klimas in der Nähe eines Sees hatte der Wein der Franciacorta lange Zeit nur lokale Bedeutung. Erst in den Jahren ab 1960 wurden die ersten professionell erzeugten Schaumweine vorgestellt. Die Nachfrage nach dem im Stil eines Champagners hergestellten Spumante wuchs rasch an, der Schaumwein hat seit 1995 sogar DOCG-Status.

10 MALERISCHE ORTE & PANORAMEN

Panorama von Supiane oberhalb von Gardone

1 VALLE DEI LAGHI

GUTSCHEINE

für dieses Gebiet und Umgebung siehe Seiten 232–243

Das „Tal der Seen" erhebt nicht umsonst den Anspruch, das Tor zum Gardasee zu sein! Wenn man vom Etschtal her kommt, verändert sich die Umgebung dramatisch, die steilen Wände der Brenta-Dolomiten drängen sich in Straßennähe, dazwischen immer wieder ein See, zuweilen eine Insel mit einem Schloss, Schilfgürtel und am Horizont immer wieder die senkrechten Kalkfelsen. Obstplantagen, aber vor allem Weinberge geben dem Tal einen lieblichen Eindruck.

Wie kommt man hin?

Von Trient, Autobahnausfahrt Trient-Zentrum, der Beschilderung Riva del Garda folgen. Der erste, steile Teil der Straße, die in die *Valle dei Laghi* führt, ist inzwischen gut ausgebaut. Die alte Landstraße hinunter nach Arco verlangt ein gemütliches Fahren, aber wer will denn schon angesichts der Vielfalt dieser Landschaft rasen?

Lago di Toblino im Tal der Seen

Valle dei Laghi (Tal der Seen)

TOP, weil ...

die Valle dei Laghi auf engstem Raum die vielfältigsten Angebote für jedermann hat.

INFO

Consorzio Turistico
Valle dei Laghi
Via Roma 61/1
Vezzano (TN)
Tel. 0039 0461 864400
www.valledeilagiturismo.it

Was wird geboten?

Im Tal der Seen gibt es tausend Dinge zu sehen und zu tun. Wollen wir mit dem guten Wein, der ausgezeichneten, traditionellen Küche und den angenehmen Spaziergängen entlang der Seen beginnen. Der *Vino Santo Trentino* gehört zum Tal wie seine Seen und zum Keltern dieses weichen, trockenen Weines mit dem gerade rechten Zuckergehalt wird ausschließlich die Nosiola-Traube verwendet. Eine gemütliche Autofahrt mit vielen Stopps ist das Tal, das schließlich am Gardasee endet, auf alle Fälle wert. Wer aber höher hinaus möchte, um erst nach gebührender Anstrengung das gute Essen zu genießen, ist hier genau richtig. Durch die steilen Kalkfelsen schlängeln sich einige der bekanntesten Klettersteige, wie zum Beispiel der äußerst schwierige Rino-Pisetta-Steig in Sarche oder der extrem lange Che-Guevara-Steig auf den Monte Casale. Auch der Alpinkletterer kommt in der *Valle dei Laghi* nicht zu kurz. Die *Pareti Zebrate* oder Sonnenplatten sind wohl eines der bekanntesten Freiklettergebiete im oberitalienischen Raum, (siehe dazu Beschreibung bei „Wanderungen & Klettersteige“, S. 76). Und wenn Langweile aufkommt, kann man immer noch zum Gardasee fahren!

TIPP

Hosteria & Selling Point Toblino

Im modernen Hosteria & Selling Point Toblino wurden die Wärme des Holzes und das Flair des Weinkellers genial kombiniert – ein Fixpunkt für Verkostung und Verkauf besonderer Weine.

Via Garda 3
I-38072 Sarche (TN)
Tel. 0039 0461 561113
www.toblino.it
hosteria@toblino.it

2 DIE „VERLORENE WELT"

GUTSCHEINE

für dieses Gebiet und Umgebung siehe Seiten 263–273

SOMMAVILLA (CASSONE) – Die „Verlorene Welt" liegt etwas versteckt und abseits vom Touristenrummel. Gerade deshalb kommen nur wenige Besucher, um diesen malerischen Ort im Rahmen einer kurzen Wanderung zu erkunden. Das Val Torrente ist ein richtiger Canyon, in den man nur mit Hilfe von eingemauerten Eisenbügeln einsteigen kann. Die Mühe lohnt sich!

Wie kommt man hin?

Über die östliche Uferstraße (*Gardesana Orientale*) nach Cassone und von dort hinauf in die Ortschaft Sommavilla.

Einsamer Pfad durch die Olivenhaine

Olivenhaine im Val Torrente

TOP, weil ...

die Wanderung in die „Verlorene Welt" ein wirklicher Geheimtipp für die Wanderer ist, die etwas ganz Besonderes erkunden möchten.

INFO

Consorzio
„ Lago di Garda è..."
Lungolago Regina Adelaide 3
Garda (VR)
Tel. 0039 045 7255279
www.lagodigarda-e.it

Was wird geboten?

In Sommavilla wird der Weg Nr. 654 (neben dem Lebensmittelgeschäft links) eingeschlagen. Absteigen bis er sich mit dem Weg „M" kreuzt. Auf diesem geht es auf schmalem Pfad zum Einstieg ins tiefe Tal, das einst durch die herabstürzenden Schmelzwassermassen aus dem Ossi-Kar in den Fels gegraben wurde. Die Wanderung führt über unebenes Gelände, durch Farnkräuter, über Moosteppiche, Flechten und Pilze. Kühl ist es hier, windstill, eine „andere Welt" und durch das dichte Geäst ist kaum noch der Himmel zu erkennen. Nach einem Kilometer steht man vor dem *Balòc tacà via*, einem riesigen Felsblock, der auf halber Höhe in der Schlucht eingeklemmt ist. Auf dem Rückweg an der Kreuzung mit dem auf dem Hinweg begangenen Weg „M" rechts weitergehen, bis dieser auf Weg Nr. 1 trifft. Links ab, durch die Ortschaft *Fichetto* und hinunter Richtung *Cassone*. Über die asphaltierte Straße zurück nach Sommavilla. 2 Stunden Gehzeit, ca. 150 Höhenmeter Aufstieg.

3 LA ROCCA UND MADONNA DELLA CORONA

GUTSCHEINE

für dieses Gebiet
und Umgebung
siehe Seiten 263–273

GARDA – Garda ist die bedeutendste Stadt am Ostufer des Sees. Der mittelalterliche Ortskern mit seinen schmalen Gässchen und seine sanft geschwungene Bucht, die nach Norden und Süden durch steile Bergrücken geschützt ist, geben dem Ort sein besonderes Flair. Doch erst die beiden Ausflugsziele *La Rocca*, der unbezwingbar erscheinende Felsen, der das alte Kloster der Camaldolesi-Mönche verbirgt, und der Wallfahrtsort *Madonna della Corona*, machen diese Gegend besonders interessant.

Wie kommt man hin?

Die Anfahrt nach *Madonna della Corona* erfolgt von Garda über Costermano und Caprino bis nach Spiazzi. Von dort steigt man zu Fuß über viele Stufen in ca. 20 Minuten hinab zum Wallfahrtsort. Ein Pendelbusverkehr besteht im April, Mai und Oktober an Sonn- und Feiertagen. Die *Rocca di Garda* erreicht man am einfachsten über die Einsiedelei *Eremo*

Madonna della Corona

dei Camaldolesi oder von Garda aus in einem einstündigen Spaziergang.

Was wird geboten?

Der Wallfahrtsort *Madonna della Corona*, 774 m über dem Meeresspiegel in schwindelnder Höhe auf einem Felsbalkon gelegen, ist einer dieser mystischen Orte, die man immer wieder einmal besuchen möchte.

Das Felsband, auf dem die Einsiedelei errichtet ist, unterbricht eine 500 m hohe Felswand auf der Ostseite des Monte Baldo und bietet gerade Platz genug für die Kirche und die Einsiedelei. Auf die *Rocca di Garda* hingegen, dem südlich davon gelegenen 249 m hohen Tafelberg, führt ein schöner Spazierweg. Beim Aufstieg kann man einen kurzen Abstecher zur Statue der Madonna del Pino, der Schutzheiligen des Ortes machen. Auf dem Plateau selbst finden sich leider nur mehr die Reste der großen, frühmittelalterlichen Burg von Garda. Um 1160 belagerte Kaiser Friedrich Barbarossa die Rocca über ein Jahr lang, ohne dass er sie einnehmen konnte.

TOP, weil ...

es selten so spektakuläre Orte gibt, die relativ einfach und für jedermann zu erreichen sind.

INFO

Consorzio
„ Lago di Garda è…"
Lungolago Regina Adelaide 3
Garda (VR)
Tel. 0039 045 7255279
www.lagodigarda-e.it

Madonna della Corona – Innenansicht

4 GARGNANO

GUTSCHEINE

für dieses Gebiet und Umgebung siehe Seiten 244–263

Gargnano, ein historisches und malerisch verwinkeltes Fischerdörfchen, liegt umgeben von Zitrusplantagen am Berghang auf der Westseite des Sees. Sein südländisches Flair wird vor allem von Besuchern geschätzt, die Wert auf Stil und Komfort legen. Aus unerfindlichen Gründen bleibt Gargnano vom großen Touristenrummel verschont und ist bis heute ein kleiner Geheimtipp geblieben. Eine ruhige, friedvolle Atmosphäre begleitet den Besucher im Ort.

Wie kommt man hin?

Gargnano ist nicht nur über die westliche Uferstraße (*Gardesana Occidentale*) erreichbar (Parkplätze und Tiefgarage bei der Zufahrt zum Ortskern), sondern auch mit der Autofähre zweimal täglich ab Riva, Desenzano und Sirmione. Außerdem gibt es Busverbindungen zwischen Limone und Salò.

Gargnano

Villa Feltrinelli

TOP, weil ...

sich Gargnano eine ruhige, exklusive Atmosphäre inmitten einer hektischen Touristenszene bewahren konnte.

INFO

Consorzio Turistico
Gargnano Relax
Piazzale Boldini 2
Gargnano (BS)
Tel. 0039 0365 791243
www.gargnanosulgarda.com

Was wird geboten?

Gargnano, das ehemalige Fischerdorf, hat eine nette, kleine Altstadt, einen malerischen Hafen und eine hübsche Seepromenade. Trotzdem ist der Ort weitgehend vom Touristenrummel verschont geblieben, was ihn für den Ruhe suchenden Reisenden besonders attraktiv macht. Sehenswert ist der Palazzo Feltrinelli, einst Wohnsitz einer wohlhabenden Adelsfamilie und von 1943 bis 1945 Sitz der Ministerien der faschistischen „Republik von Salò". Heute ist der Palazzo Sommersitz der Universität Mailand, die dort Sprachkurse für Ausländer abhält. Die neugotische Herrschaftsvilla Feltrinelli hingegen, in der Mussolini wohnte, ist als 5-Sterne-Hotel in „gehobener" Preislage nur besonders zahlungskräftigen Gästen vorbehalten (700 € in der Nebensaison, bis 3000 € in der Hochsaison). Natürlich gibt es auch einen exklusiven, kleinen Strand (den einzigen übrigens), der sich *La Fontanella* nennt und der an einem hübschen Olivenbaumpark liegt.

5 PUNTA SAN VIGILIO

GUTSCHEINE

für dieses Gebiet
und Umgebung
siehe Seiten 263–273

Die *Punta San Vigilio* ist eine kleine, baumbestandene Landzunge zwischen Torri del Benaco und Garda. Nach der Halbinsel Sirmione ragt sie am weitesten in den See hinaus, der an dieser Stelle auch am breitesten ist. Eine Zypressenallee führt hinunter zur Spitze der Landzunge, die auch gerne der „schönste Ort der Welt" genannt wird. Wer einmal einen Sonnenuntergang auf der äußersten Spitze dieser Landzunge erlebt hat, der wird immer wieder einmal zurückkommen wollen!

Punta San Vigilio

Der kleine Hafen von Punta San Vigilio

TOP, weil ...

der „schönste Ort der Welt" nicht nur seinem Namen voll und ganz gerecht wird, sondern auch ausgesprochen romantisch, idyllisch und zudem noch ruhig ist.

INFO

Parco Baia delle Sirene
San Vigilio
Garda (VR)
Tel. 0039 045 7255884
www.parcobaiadellesirene.it

Wie kommt man hin?

Mit dem Auto aus beiden Richtungen über die östliche Uferstraße (*Gardesana Orientale*). Busse pendeln jede Stunde zwischen Riva und Verona sowie Riva und Desenzano. Fähren starten stündlich in beide Richtungen.

Was wird geboten?

Im Jahre 1540 erwarb der Humanist Agostino di Brenzone die kleine Halbinsel. Darauf ließ er vom berühmten Festungsbaumeister Michele Sanmicheli die Villa Brenzone errichten, die sich heute im Besitz der Familie des Grafen Guarienti di Brenzone befindet und für die Öffentlichkeit nicht zugänglich ist. Das ehemalige Gästehaus der Villa, direkt am Ufer gelegen, beherbergt die *Locanda San Vigilio,* eines der exklusivsten Häuser am See mit einem der besten Restaurants. Idyllisch und wunderschön zugleich ist der kleine Hafen neben dem Haus. Auf der Mole steht ein kleines Steinhaus; dort befindet sich die romantische, rebenumrankte *Taverna „Il Torcolo"*. Ein empfehlenswerter Spaziergang führt von Garda aus auf der Uferstraße entlang und dann durch die Zypressenallee in ungefähr 20 Minuten zur Spitze der *Punta San Vigilio* und zum *Parco Baia delle Sirene.*

6 CASTELLETTO DI BRENZONE

GUTSCHEINE

für dieses Gebiet
und Umgebung
siehe Seiten 263–273

Castelletto di Brenzone ist der größte und zugleich auch bedeutendste Ort der aus 16 Ortschaften bestehenden Streugemeinde Brenzone. Augenscheinlich gab eine antike Burganlage, von der allerdings keine Spuren erhalten sind, dem Ort seinen Namen (Castelletto = Schlösschen). Castelletto besitzt eine bezaubernde Altstadt und einen besonders malerischen Hafen. Auf der dazugehörigen Seepromenade wird jeden Dienstag ein weitläufiger Wochenmarkt abgehalten.

Wie kommt man hin?

Über die östliche Uferstraße (*Gardesana Orientale*), mit dem Linienbus teilweise jede Stunde bzw. alle zwei Stunden (in beide Richtungen), mit der Fähre zweimal täglich in beide Richtungen. Die Schiffsanlegestelle befindet sich direkt am Hafen.

Der Hafen von Castelletto di Brenzone

Was wird geboten?

Vor ungefähr 30 Jahren machte Castelletto Schlagzeilen, denn man fand bei Straßenbauarbeiten einen fast zwei Quadratmeter großen Felsblock, der mit hieroglyphenartigen Felsgravuren überzogen war. Die darin enthaltene Nachricht war ca. 4500 Jahre alt; man sprach von einer Mitteilung an die Nachwelt, die berichtete, wie die Bevölkerung am See lebte. Der „Stein von Castelletto" ist im Rathaus von Brenzone ausgestellt.

Direkt an der *Gardesana* liegt das Frauenkloster *Istituto Piccole Suore della Sacra Famiglia*, eines der größten am Gardasee. Im Geburtshaus der Ordensmitbegründerin wurde das *Museo Etnografico* eingerichtet. Hier wird gezeigt, wie die Menschen Ende des 19. Jahrhunderts gelebt und gearbeitet haben, z. B. anhand einer typischen Wohnungsanlage aus dieser Zeit. Außerdem sind charakteristische Utensilien und Arbeitsgeräte aus Fischerei, Olivenanbau, Seidenraupen- und Viehzucht ausgestellt.

TOP, weil ...

man in Castelletto nicht nur bummeln und den malerischen Ort genießen, sondern sich auch äußerst interessanter Lokalgeschichte erfreuen kann.

INFO

Ufficio Informazioni e Accoglienza Turistica
Via Zanardelli 38
Frazione Porto (VR)
Tel. 0039 045 7420076
www.brenzone.it

Abendstimmung in Brenzone

7 TIGNALE

GUTSCHEINE

für dieses Gebiet und Umgebung siehe Seiten 244–263

Tignale liegt umgeben von Wäldern 600 m über dem Meeresspiegel auf einer herrlichen Terrasse direkt über dem See. Den Panoramablick kann man nur als atemberaubend bezeichnen. Die Gegend zeichnet sich durch ein besonders angenehmes Klima aus, das viel mehr ans Mittelmeer erinnert als an die Voralpen. Milde Winter und nicht zu heiße Sommer machen Tignale dadurch zum idealen Urlaubsort für jede Jahreszeit.

Wie kommt man hin?

Knapp fünf Kilometer nördlich von Gargnano zweigt nach mehreren Tunnels die Straße nach *Tignale* ab. Durch das Tal des *Rio Piovere* geht es über Serpentinen hinauf nach Gardola.

Gardola

Wallfahrtskirche Madonna di Castello

TOP, weil ...

es auf dieser ruhigen, fast schon einsamen Hochfläche sowohl für den aktiven Urlauber, als auch für den Erholungssuchenden viel zu erleben gibt.

INFO

Ufficio Unico del Turismo
Via Europa 5
Tignale (BS)
Tel. 0039 0365 73354
www.tignale.org

Was wird geboten?

Tignale besteht aus sechs verstreuten Ortschaften (Aer, Oldesio, Olzano, Piovere, Prabione und dem Hauptort Gardola), welche untereinander durch aussichtsreiche Panoramastraßen verbunden sind. Die wohl größte Sehenswürdigkeit dieser Hochebene ist die Wallfahrtskirche *Madonna di Castello,* die für ihre atemberaubende Lage bekannt ist. Auf 700 m Meereshöhe auf einem Felsvorsprung klebend, der fast senkrecht zum See abfällt, steht der heutige Bau aus dem 17. Jahrhundert, der auf verschiedene Vorgängerkirchen zurückgeht. Hinter der Kirche liegt ein Kloster und von dort kann man zu einem Gipfelkreuz hochsteigen, um eines der schönsten Panoramen des Gardasees zu genießen, das vom südlichen Seeufer bis zum Monte-Baldo-Massiv reicht. Das weite Hinterland liegt im Naturpark des oberen Gardasees. Hier kommen wirklich alle auf ihre Kosten – Relaxbedürftige, die ganz einfach die Naturschönheiten des Parks genießen wollen, ebenso wie unternehmungslustige Mountainbiker, Wanderer oder Sportkletterer.

8 ROCCA DI MANERBA

GUTSCHEINE

für dieses Gebiet
und Umgebung
siehe Seiten 244–263

MANERBA – Die Ortschaft Manerba besteht aus mehreren Dörfern, die sich gegen das Landesinnere aneinander reihen. Ein malerisches Ufergebiet und ein vielfältiges Seepanorama prägen diese Landschaft. Optisch dominiert wird die Küste von der *Rocca di Manerba*. Es handelt sich um einen riesigen Felsblock, der zum Wasser hin bis zu 200 Meter senkrecht abfällt. Der Ausblick von diesem einfach zu erreichenden Punkt ist phantastisch. Es präsentiert sich der gesamte südliche Teil des Sees und an sehr klaren Tagen reicht der Blick Richtung Norden bis nach Torbole.

Wie kommt man hin?

Über die Brennerautobahn bis Verona, auf der A4 Richtung Mailand, dann von der Autobahn-Ausfahrt *Desenzano* Richtung Salò weiter. Nach ca. 15 km erreicht man *Manerba*.
Von Manerba kann man über die Fraktion Montinelle mit dem Auto bis kurz unterhalb des höchsten Punktes fahren

Felsküste an der Rocca di Manerba

(Parkplatz), um dann in kurzem Anstieg das Gipfelkreuz zu erreichen. Selbstverständlich bietet sich ab Manerba die Auffahrt mit dem Rad an!

TOP, weil ...

die Rocca der beste Aussichtspunkt entlang des gesamten Seeufers ist.

INFO

Tourist Coop Valtenesi
Piazza Municipio 1
San Felice del Benaco (BS)
Tel. 0039 0365 558160
www.gardavaltenesi.com

Was wird geboten?

Die Rocca ist nicht nur ein Aussichtspunkt ersten Ranges, sondern auch ein sehr geschichtsträchtiger Ort. Von der Burg, die dem Felsen den Namen gab, sind nur mehr ein paar Mauerreste zu sehen, doch kann man ihre Entstehung bis ins 8. Jahrhundert zurückverfolgen. Damals diente sie den Langobarden als Festung. 1575 wurde sie dann von den Venzianern zerstört, da sich eine Horde von Wegelagerern darin eingenistet hatte und die umliegenden Gebiete terrorisierte. Unter der Burg wurde der „Riparo Valtenesi" entdeckt, eine prähistorische Siedlung aus dem 5. Jahrhundert vor Christus. Im *Museo Archeologico della Valtenesi*, in Montinelle, kann man die römischen und prähistorischen Funde von der Rocca besichtigen. Wer sich weniger für die geschichtliche Seite dieses Felsklotzes interessiert, sollte trotzdem den Ausblick über den See sowie auf die Inseln Conigli und Garda genießen.

Burgruine auf der Rocca di Manerba

9 TREMOSINE – DIE SCHAUDERTERRASSE

GUTSCHEINE

für dieses Gebiet und Umgebung siehe Seiten 244–263

Tremosine setzt sich aus 18 Ortschaften zusammen, wobei Campione direkt am Seeufer liegt und die anderen auf einem Hochplateau verstreut sind. In wenigen Minuten wechselt man von den belebten Ufern des Gardasees in eine ruhige, ursprüngliche Welt, die zum Teil auf steilen Klippen mit wunderbarer Aussicht angesiedelt ist. Hier gibt es zahlreiche typische Restaurants und sogenannte *Aziende di Agriturismo*, also Hofschank-Betriebe, die aus einheimischen Produkten einfache, aber raffinierte Gerichte zaubern.

Wie kommt man hin?

Die Schauderterrasse befindet sich beim Hotel Paradiso im Ortsteil *Pieve di Tremosine*. Der SIA-Bus 12 fährt während der Hauptsaison mehrmals täglich von Limone über Tremosine nach Gargnano.

Tremosine und das Grüne Dach der Schauderterrasse im Ortskern

Pieve di Tremosine an der Westküste des Gardasees

TOP, weil ...

es nirgendwo sonst einen Platz gibt, wo man mit so viel Luft unter den Füßen speisen kann.

INFO

Associazione Pro Loco
Piazza Marconi 1
Tremosine (BS)
Tel. 0039 0365 953185
www.infotremosine.it

Was wird geboten?

Bei Limone führt eine steil ansteigende Bergstraße hinauf auf die Hochebene von Tremosine. Das Gefühl von Mittelmeer, das der Gardasee vermittelt, verschwindet schon bei der Auffahrt. Man kommt den Alpen wieder näher, und ausgedehnte Laubwälder mit Kastanien und Steineichen prägen das Bild. Die Hochfläche liegt gut 400 m über dem See, hinter den Laubwäldern machen sich die Almwiesen breit. Die Dörfer machen einen ruhigen Eindruck und obwohl Tremosine ein Paradies für Bergradfahrer und Wanderer ist, scheint die Gegend vom Massentourismus verschont geblieben zu sein. In *Pieve di Tremosine*, am Südende der Ortschaft liegt das Hotel Paradiso mit seiner *Terrazza del Brivido*, der Schauderterrasse. Doch genau genommen gibt es zwei Schauderterrassen, denn die Veranda des Hotels Miralago, direkt in der Ortschaft Pieve, klebt wie ein Schwalbennest am Fels, darunter nichts als Luft. In dieser Veranda, 460 m über dem See, sein Mittag- oder Abendessen einzunehmen, ist wirklich zum Schaudern.

10 PANORAMA-SEILBAHN MONTE BALDO

GUTSCHEINE

für dieses Gebiet und Umgebung siehe Seiten 263–273

MALCESINE – Der Monte Baldo ist mit seinen Gipfeln, die alle um die 2000 Meter liegen, nicht nur das höchste, sondern auch das mächtigste Massiv am Gardasee. Während der untere Teil des Berges dicht bewaldet und von Olivenhainen bedeckt ist, zeigt sich der obere Teil recht kahl. Die Bergwiesen jedoch bieten eine einzigartige Vielfalt an Blumen. Die seltenen Pflanzenarten, über 400 an der Zahl, sind wohl auf das Phänomen des während der Eiszeit schnee- und eisfreien Gipfels zurückzuführen.

Wie kommt man hin?

Malcesine liegt am Ostufer des Gardasees und ist von Torbole aus über die östliche Uferstraße (*Gardesana Orientale*) mit dem Auto erreichbar. Die Zufahrt zur Großkabinenbahn liegt gut ausgeschildert direkt im Ortskern von Malcesine. In unmittelbarer Nähe gibt es Parkplätze sowie eine Tiefgarage. APT-Busse pendeln stündlich zwischen Riva und Verona.

Malcesine am Ostufer des Gardasees

Hochmoderne Großkabinenbahn zum Monte Baldo

TOP, weil ...

der Monte Baldo alles bietet: Wander- und Ausflugsmöglichkeiten, Bergradpisten, Startplätze für den Gleitschirm, Skipisten und eine grandiose Aussicht.

INFO

Seilbahn Malcesine
Monte Baldo (VR)
Tel. 0039 045 7400206
www.funiviedelbaldo.it

Was wird geboten?

Die Seilbahnfahrt zum Monte Baldo, von Malcesine über San Michele nach Tratto Spino, ist schon ein kleines Erlebnis für sich. Die hochmoderne Großkabinenbahn schwingt sich in zwei Etappen zum Gipfel, wobei sich die Kabine dreht, um dem Fahrgast ein perfektes Rundumpanorama zu bieten. Nach rund zehn Minuten Fahrzeit entlässt die Bahn Bergradfahrer, Gleitschirmflieger, Wanderer und Schaulustige. Direkt am Gipfel gibt es einen gut ausgeschilderten Panorama-Rundweg, während ein paar Minuten von der Bahn entfernt das ganzjährig geöffnete Berglokal *La Baia dei Forti* den „Baldotouristen" zum Rasten einlädt. Wer lieber eine kleine Wanderung machen möchte, bevor er ans Rasten denkt, sollte sich zur bewirtschafteten Schutzhütte *Rifugio Bocca di Navene* aufmachen, die man gemütlich in einer halben Stunde erreichen kann.
Aber wie gesagt, allein schon aufgrund der überwältigend schönen Aussicht ist der Monte Baldo einen Ausflug wert.

10 PARKS & SEHENSWÜRDIGKEITEN

Isola del Garda

1 PARCO GROTTA CASCATA VARONE

GUTSCHEINE

für dieses Gebiet und Umgebung siehe Seiten 232–243

TENNO – Nachdem die *Cascata del Varone* (Cascata = Wasserfall) für die Besucher erschlossen worden war, fand die feierliche Eröffnung des Parks mit der großzügigen Eingangshalle und den Laufstegen, die direkt an die tosenden Wassermassen führten, am 20. Juni 1874 statt. Von da an gehörte es zum Pflichtprogramm des Städtchens Riva, bei offiziellen Anlässen den jeweiligen Gast vor oder nach dem Ehrenmahl zum Varone-Wasserfall zu bringen.

Wie kommt man hin?

Der Wasserfall befindet sich drei Kilometer nördlich von Riva auf der Nationalstraße 421 Richtung Ponte Arche. Vom Zentrum in Riva der Beschilderung nach Ledro oder Arco folgen. Am jeweiligen darauffolgenden Kreisverkehr ist der Wasserfall ausgeschildert. Begrenzte, sehr enge Parkmöglichkeit direkt am Zugang zum Wasserfall. Die Anfahrt mit dem Rad ist eine gute Alternative! Busse Nr. 1–2 und 6 ab Riva jede halbe Stunde (zwischen 12.30–14.00 Uhr kein Busdienst).

Cascata del Varone

Cascata del Varone

TOP, weil ...

die enge Felsenschlucht mit den darin verborgenen, tosenden Wassermassen ein kleines magisches Erlebnis ist.

INFO

Parco Grotta Cascata Varone
Via Cascata 12
Tenno (TN)
Tel. 0039 0464 521421
www.cascata-varone.com

Besichtigung
März und Okt. von 9–17 Uhr, April und Sept. von 9–18 Uhr, Mai–Aug. von 9–19 Uhr, Nov.–Feb. nur an Sonn- und Feiertagen von 10–17 Uhr geöffnet

Was wird geboten ?

Der Wasserfall, dessen Zugang anfangs des 20. Jahrhunderts vom damals sehr gefragten Architekten Maroni (Erbauer der Villa von Gabriele D'Annunzio in Gardone) geplant wurde, ist ein Naturschauspiel, das einen Hauch von Mystik in sich birgt. In der unteren Schlucht, in die man über einen schmalen Steg wandern kann, erreicht der Besucher den Fuß des Wasserfalles. Feiner Sprühregen begleitet den Betrachter, das Tosen und Brausen des herabstürzenden Wassers ist nur gedämpft wahrnehmbar, da sich die Wassermassen über Jahrmillionen tief in den Fels gefressen haben. Ein riesiger Felsendom ist zurückgeblieben, in dem das spärlich hereinfallende Tageslicht bizarre, immer wechselnde Formen an die glatten Wände zeichnet. Vierzig Meter weiter oben befindet sich eine zweite Aussichtsplattform. Von dort können die herabstürzenden und beleuchteten Wassermassen aus allernächster Nähe beobachtet werden.

2 PFAHLBAUTEN AM LEDROSEE

GUTSCHEINE

für dieses Gebiet und Umgebung siehe Seiten 232–243

MOLINA DI LEDRO – Nach Tausenden von Jahren traten 1929 am Ledrosee die Reste einer Pfahlbautensiedlung zutage. Für das Kraftwerk in Riva del Garda hatte man den See angezapft und somit den Wasserspiegel empfindlich abgesenkt. Eine große, mit Pfählen übersäte Fläche kam zum Vorschein und entpuppte sich als eine der bedeutendsten Pfahlbautensiedlungen Italiens, möglicherweise ganz Europas, deren Entstehung der späten Jungsteinzeit zugeordnet wird.

Wie kommt man hin?

Von Riva del Garda oder über Arco durch den langen Tunnel ins Ledrotal. Weiter über die schmale, kurvenreiche Straße nach *Molina di Ledro*. Beim Kreisverkehr am Ledrosee links abbiegen. Man kann die Pfahlbauten von der Straße aus sehen. Parkplätze direkt beim Museum.

Die neuen Pfahlbauten

Was wird geboten?

Eindrucksvoll wird im Freiluftmuseum das Leben der Menschen innerhalb und außerhalb der Pfahlbauten dargestellt. Drei Hütten, die auf 130 Pfählen ruhen, entführen den Besucher zurück in die Jungsteinzeit. Der nahe See mit seinem Schilfgürtel, inmitten einer märchenhaften Landschaft gelegen, vermittelt ein Gefühl unbeschreiblicher Realität. Die drei Pfahlbauten verschiedener Größe geben Einblick in das tägliche Leben ihrer Bewohner.

Die Ausgrabungen, die 1929 vorgenommen wurden, brachten zahlreiche Funde von außerordentlicher Bedeutung ans Tageslicht. Nachdem der Wasserspiegel wieder angehoben worden war, ermöglichte erst die Trockenheit des Jahres 1936/37 eine Weiterführung der Arbeiten.

Die Fundstücke sind im Museum ausgestellt, wobei interessante Beschreibungen das Bild der Bewohner dieser Pfahlbautensiedlung abrunden.

TOP, weil ...

eine der bedeutendsten Pfahlbautensiedlungen Europas zum Teil direkt am ursprünglichen Siedlungsplatz rekonstruiert wurde.

INFO

Museo delle Palafitte
del Lago di Ledro
Via al Lago 1
Molina di Ledro (TN)
Tel. 0039 0464 508182
www.palafitteledro.it

Besichtigung
1. März–30. Juni, 1. Sept.–30. Nov. von 9–13 und 14–17 Uhr geöffnet, Montag Ruhetag,
1. Juli–31. Aug. von 10–18 Uhr, kein Ruhetag

Pfahlbau direkt am Ledrosee

3 BOTANISCHER GARTEN „HRUSKA"

GUTSCHEINE

für dieses Gebiet und Umgebung siehe Seiten 244–263

GARDONE – Ein Traum wird Wirklichkeit im botanischen Garten des Zahnarztes Dr. Artur Hruska, der von 1889 bis 1971 lebte. Das Klima am Gardasee bietet die Möglichkeit, die Flora der Alpen mit der Flora der Tropen zusammenzuführen. 20 Jahre Forschungsarbeit hatte es den Arzt gekostet, um die Lebensbedingungen für die ungefähr 2000 Pflanzenarten, die zwischen künstlichen Bächen und wilden Kalkfelsen wachsen, herauszufinden.

Wie kommt man hin?

Über die westliche Uferstraße (*Gardesana Occidentale*) nach Gardone. Kostenloser Parkplatz an der Abzweigung Gardesana–Vittoriale. Busse pendeln mehrmals täglich zwischen Brescia, Salò und dem Norden des Sees. Schnellboote und Autofähren verkehren ebenfalls mehrmals täglich zwischen Riva und Desenzano.

Kunst im botanischen Garten „Hruska"

Orchideen im „Hruska"

TOP, weil ...

dieser Garten eine Oase der Ruhe und Schönheit ist, die zum Spazieren, Staunen, Rasten, Schlendern und Entdecken einlädt.

INFO

Fondazione André Heller
Via Roma 2
Gardone Riviera (BS)
Tel. 0039 336 410877
www.hellergarden.com

Besichtigung
März–Okt. von 9–19 Uhr

Was wird geboten?

1988 wurde der ganze Park mitsamt der dazugehörigen Villa vom Wiener Künstler André Heller erworben. Über Jahrzehnte ist der Garten unter den liebevollen Händen der ehemaligen Besitzer gewachsen, indem sie Pflanzenraritäten aus aller Herren Länder zusammentrugen, um sie mit dem Element Wasser zu einer perfekten Lebensgemeinschaft zu verbinden. Wenn man die Passionen des Künstlers André Heller kennt, so ist es nicht weiter verwunderlich, dass er sich einen Garten kaufte und die Schönheit dieses Ortes auch der Öffentlichkeit zugänglich machte. Seine Installationen begleiten den Besucher und verleiten ihn immer wieder zu besinnlichem Nachdenken. Oft genug ist das Unauffälligste das Kostbarste; der Betrachter muss lernen, es zu sehen und zu finden. Die Wege durch den Garten verlocken immer wieder weiterzugehen, hinter die nächste Biegung zu sehen und in ein unbekanntes Paradies vorzudringen.

4 ISOLA DEL GARDA

GUTSCHEINE

für dieses Gebiet und Umgebung siehe Seiten 244–263

SAN FELICE DEL BENACO – Die Isola del Garda, die größte Insel im See, ein malerischer Ort von seltener Schönheit und zudem reich an Geschichte, liegt wenige hundert Meter vor dem *Capo San Fermo*, zwischen Salò und San Felice del Benaco. Diese Felsklippe, mit dem prachtvollen Schloss in venezianisch-neugotischem Stil, bekam im Laufe der Jahrhunderte verschiedene Namen, die an den jeweiligen Besitzer der Insel gebunden waren. So wurde sie Insel der Mönche genannt, *Isola Scotti, Lechi, de Ferrari* und später *Isola Borghese*.

Wie kommt man hin?

Schiffsverbindungen gibt es von verschiedenen Häfen aus. Im Eintrittspreis sind die Überfahrt mit dem Motorboot, die Führung in drei Sprachen sowie eine Erfrischung zum Abschluss des Besuchs enthalten.

Palast auf der Isola del Garda

Luftaufnahme der „Isola del Garda"

TOP, weil ...

es wenige Orte gibt, an denen so viel Geschichte und so viel Schönheit auf kleinstem Raum zusammentreffen.

INFO

Besichtigung nur mit Führung
Schiffsverbindungen von Lazise, Bardolino, Garda, Desenzano, Sirmione, Moniga, Manerba, Portese Salò und Porto di Barbarano

Über Zeiten und Tage:
www.isoladelgarda.com

Was wird geboten?

Die Isola del Garda, eine dicht bewaldete Insel, ist zirka einen Kilometer lang und liegt nur 220 m vor der Landzunge von San Fermo. Bis zur letzten Jahrhundertwende blieben die Pforten des Inselanwesens für Außenstehende verschlossen. Neugierige konnten nur mit dem Boot ein paar Runden um die Insel drehen. Nun haben sich die Besitzer dieses Kleinods, die Adelsfamilie Borghese-Cavazza, entschlossen, Besuchern Eintritt zu gewähren. Die Führung durch die herrlichen Gärten und einen Teil des Palastes dauert zwei Stunden. Sie gewährt einen großartigen Einblick in die turbulente Geschichte dieser kleinen Insel, die nicht nur ein Kloster beherbergte, sondern 1860 von der Regierung enteignet und zum militärischen Grenzvorposten erklärt wurde, bevor sie in Privatbesitz überging.

TIPP

Azienda Agricola Borghese Cavazza

Der landwirtschaftliche Betrieb Cavazza produziert und verkauft auserlesenes kaltgepresstes Olivenöl der Garda DOP Oliven. Exklusivverkauf auf der Isola del Garda.

Via Mazzini 22
I-25010 San Felice del Benaco
Tel. 0039 0365 62200
www.isoladelgarda.com
info@isoladelgarda.com

5 DIE GROTTEN DES CATULL

GUTSCHEINE

für dieses Gebiet und Umgebung siehe Seiten 244–263

SIRMIONE – Die Grotten des Catull (*Grotte di Catullo*) – übrigens eine etwas irreführende Bezeichnung, denn es handelt sich eigentlich nicht um Grotten, sondern um die Ruinen der größten römischen Villa Norditaliens – befinden sich in märchenhafter Lage am äußersten Ende der Halbinsel von Sirmione. Ihren Namen erhielten sie lediglich, weil ein Chronist die Ruinen als Grotte bezeichnete. Auch der römische Dichter *Catull* lebte gar nicht in dieser Villa, die ein Areal von gut und gerne 25.000 m² umfasst.

Wie kommt man hin?

Über die Via Catullo, die am Nordende der Stadt beginnt, wandert man in einer Viertelstunde zur Spitze der Halbinsel. Während der Touristensaison fährt eine kleine Elektrobahn von der Piazza Piatti am Ende der Altstadt bis zum Eingang der Villa.

Grotte di Catullo mit Spiaggia delle Bionde

Was wird geboten?

Es ist nicht ganz geklärt, welchen Zweck die prunkvolle Villa eigentlich erfüllte. Wahrscheinlich wurde sie im Auftrag des römischen Imperiums gebaut und als fein ausgestattetes Thermalbad für Reisende genutzt. Heute beherbergt das Antiquarium, ein kleines Museum am Eingang der Villa, kunstvolle Freskenreste und wunderschöne Mosaike.

Besonders sehenswert ist ein Freskofragment mit einer Fischfangszene. Die Anlage selbst erstreckt sich über mehrere Etagen, von denen allerdings nur die Unterbauten erhalten geblieben sind. Beachtenswert sind das große Schwimmbecken und die imposanten Gewölbe. Der 150 m lange, so genannte Kryptolaubengang und seine Säulenarkaden sind zum Teil wiedererrichtet worden. Schon allein die Lage dieser Baulichkeit lädt zum Lustwandeln ein. Besonders aber die Abendstimmung und der etwas höher gelegene Olivenhain mit fantastischem Rundblick auf den See verzaubern diese Ruinenlandschaft.

Unterbauten und Säulenarkaden der „Grotte di Catullo"

TOP, weil ...

die Grotten des Catull in wunderschöner Lage mit herrlichem Seeblick nicht nur eine historische Stätte sind, sondern so richtig zum Entspannen und Ausruhen einladen.

INFO

Grotte di Catullo (BS)
Tel. 0039 030 916157
www.sirmioneonline.net

Besichtigung
April–Sept. täglich von 9–18 Uhr, Okt.–März von 9–16 Uhr, Elektrobahn nur im Sommer

TIPP

Villa Cortine Palace Hotel

Im Jahre 1890 ließ der österreichische Baron Kurt von Kosevitz diese Villa in herrlicher Lage auf einem Hügel, mitten in einem 5000 m² großen Park errichten.
Die Besitzer, die ihm folgten, sammelten Statuen und Kunstwerke, die sowohl den Park als auch die Villa heute noch schmücken. Es gehört zu den beliebtesten italienischen Hotels für die elitäre internationale Kundschaft.

Via Grotte 6
I-25010 Sirmione (BS)
Tel. 0039 030 9905890
Fax 0039 030 916390
www.hotelvillacortine.com
info@hotelvillacortine.com

6 GARDALAND

GUTSCHEINE

für dieses Gebiet und Umgebung siehe Seiten 263–273

PESCHIERA – *Gardaland* ist ein riesiger Vergnügungspark, der seinen amerikanischen Vorbildern in keiner Weise nachsteht. Das Angebot ist so großzügig und breitgefächert, dass es an einem Tag kaum bewältigt werden kann; und immer wieder gesellen sich neue Attraktionen dazu. Der tägliche Besucherandrang ist enorm, denn *Gardaland* ist der touristische Magnet schlechthin am südlichen Gardasee. Daher sollte man die Wochenenden nach Möglichkeit meiden.

Wie kommt man hin?

Von Peschiera ungefähr drei Kilometer über die östliche Uferstraße (*Gardesana Orientale*) Richtung Lazise. Gratis-Pendelbus vom Bahnhof Peschiera (Hauptsaison). Stündlich Busverbindungen von und nach Verona und Garda. Schiffe kommen aus beiden Richtungen über den See und legen direkt vor Gardaland an (Anlegestelle *Castelnuovo*).

Die Achterbahn sorgt für einen Adrenalinschub

Freifallturm „Blue Vertigo"

TOP, weil ...

man nicht unbedingt nach Amerika reisen muss, um einen Vergnügungspark dieser Größenordnung zu finden. Und die solide italienische Küche der Umgebung ist auf alle Fälle besser als Hamburger und Pommes frites!

INFO

Gardaland
Castelnuovo del Garda (VR)
Tel. 0039 045 6449777
www.gardaland.it

Öffnungszeiten
April–Mitte Juni nur tagsüber, Mitte Juni–Anfang Sept. auch abends, Okt.–Anfang Jänner nur an Wochenenden und Feiertagen geöffnet

Was wird geboten?

Mit mehr als 40 permanenten Attraktionen kann *Gardaland* aufwarten, dazu kommen täglich spannende Shows und bunte Umzüge. Achterbahnen und Karussells, die *Fuga da Atlantide*, der *Blu Tornado* und *Space Vertigo*, aber auch *Gardaland Theatre* und *Delfinshows* sind nur ein paar Glanzstücke dieses riesigen Rummelplatzes. Der *Trans Gardaland Express*, eine Einschienenbahn, verschafft dem Besucher zunächst einmal einen Überblick. Auf alle Fälle sollte man aber den Katalog, den man mit der Eintrittskarte bekommt, studieren, um nicht ziellos durch diesen endlosen Dschungel an Angeboten und Attraktionen zu streifen. Ein Tag ist etwas knapp bemessen für *Gardaland*, aber ein neuerlicher Besuch lohnt sich immer. Gerade bei regnerischem Wetter ist der Park eine willkommene Abwechslung, und der Besucherandrang ist bei schlechter Witterung auch nicht so groß.

7 PARCO TERMALE DEL GARDA

GUTSCHEINE

für dieses Gebiet
und Umgebung
siehe Seiten 263–273

COLÀ DI LAZISE – Die zufällige Entdeckung heißen Wassers in Colà di Lazise verwandelte den kleinen Ort im Hinterland des südlichen Gardasees sozusagen über Nacht in ein bekanntes Kurzentrum. Ein 5000 m² großer See, der inmitten der Parkanlage der historischen *Villa dei Cedri* liegt, wird von einer Thermalquelle in 160 m Tiefe gespeist. Ein ausgeklügeltes Pumpen- und Düsensystem am Seegrund erneuert täglich die Hälfte des Wasservolumens und gewährleistet eine konstante Wassertemperatur von ca. 34 Grad Celsius.

Wie kommt man hin?

Über die Brennerautobahn A22, Ausfahrt Affi und weiter Richtung *Lago di Garda Sud*. Über die Autobahn A4, Ausfahrt Peschiera oder Verona Nord und dann Richtung *Lago di Garda*. Die Thermalanlage befindet sich in der Ortschaft Colà di Lazise.

Großes Becken mit Thermalwasser

Was wird geboten?

Um die Bewässerung der 13 ha großen Parkanlage der *Villa dei Cedri* zu gewährleisten, ließ der Eigentümer einen Brunnen bohren. In 160 m Tiefe stieß man auf 37 Grad heißes Thermalwasser, das einen ansehnlichen Gehalt an Silizium, Kalium und Magnesium aufweist. Dadurch entfaltet das Wasser, das in den See der Villa gepumpt wird, eine wohltuend beruhigende, reinigende und entzündungshemmende Wirkung.

Der *Parco Termale del Garda* bietet zahllose Möglichkeiten für Sport, Wellness und Freizeitvergnügen, wobei auch der Kunstliebhaber nicht zu kurz kommt.

Die *Villa dei Cedri*, die *Villa Moscardo*, das Pförtnerhaus und die Gästehäuser bieten mit ihren Kunstwerken und Statuen einen interessanten Ausflug in die Vergangenheit und Entstehungsgeschichte dieser Anlage. Im Herbst und Winter werden in Seenähe beheizte Pavillons aus Glas und Holz errichtet, um den Badenden denselben Komfort wie im Sommer zu bieten.

TOP, weil …

diese Thermalanlage nicht nur zu einer der schönsten überhaupt zählt, sondern Anreize für jede Generation bietet.

INFO

Villa dei Cedri
Piazza di Sopra 4
Colà di Lazise (VR)
Tel. 0039 045 7590988
www.villadeicedri.it

Öffnungszeiten
ganzjährig geöffnet, Mo–Do und So von 9–13 Uhr, Fr–Sa und Vorfeiertage bis 14.30 Uhr, bis 10 Uhr Eintritt nur für therapeutische Zwecke

Parkanlage mit Herbststimmung

8 CANEVAWORLD

GUTSCHEINE

für dieses Gebiet
und Umgebung
siehe Seiten 263–273

LAZISE – Das *Canevaworld Resort* ist ein riesiger Freizeitpark, der zwischen den Ortschaften Lazise und Pacengo direkt am südöstlichen Veroneser Ufer des Sees liegt. Auf einer Gesamtfläche von 300.000 m² gibt es vier Themenbereiche zu erkunden: den *Acqua Paradise Park*, die *Medieval Times*, die *Movie Studio Parks* und das *Rock Star Cafè*. Der *Acqua Paradise Park* ist übrigens der größte Wasserpark am Gardasee.

Wie kommt man hin?

Das *Canevaworld Resort* liegt direkt an der östlichen Uferstraße (*Gardesana Orientale*), ungefähr auf Halbweg zwischen Lazise und Pacengo. Busse pendeln stündlich zwischen Verona und Garda. Eine Bushaltestelle befindet sich direkt vor dem Vergnügungspark.

Eingangsportal Canevaworld

Lara – Movieland

TOP, weil ...

es so viel Abwechslung und Aufregung nicht einmal am Meer gibt. Vom Adrenalin, das im Acqua Paradise freigesetzt wird, gar nicht zu sprechen!

INFO

Canevaworld Resort
Via Fossalta 1
Lazise sul Garda (VR)
Tel. 0039 045 6969900
www.canevaworld.it

Öffnungszeiten
Mai–Juni von 10–18 Uhr,
Juli–Aug. von 10–19 Uhr,
1. –Mitte Sept. von
10–18 Uhr

Was wird geboten?

350.000 Besucher pro Jahr lassen darauf schließen, dass beim Besuch der *Canevaworld* keine Langeweile aufkommt. Im riesigen Wasserpark *Acqua Paradise* gibt es furchterregende, nahezu senkrechte Rutschen, aber auch Relax-Zonen, Hydro-Massage-Becken und schattige Plätze zur Erholung nach dem Adrenalinstoß. Im Themenpark *Movieland* werden Stunt-Shows, begleitet von diversen Spezialeffekten, vorgeführt.
Eine Bahnfahrt vor und hinter den Kulissen vermittelt Einblick in die Entstehung der Stunt-Szenen. Die Achterbahn *X Speed* sorgt außerdem noch für extremen Nervenkitzel. Im Restaurant *Medieval Times* kann man sich im Rahmen eines mittelalterlichen Turniers verköstigen lassen, während man im *Rock Star Cafè*, das den weltbekannten *Hard Rock Cafés* nachempfunden ist, den Tag mit Hamburgern, amerikanischen Getränken und der dazu passenden Musik ausklingen lassen kann.

9 PARCO GIARDINO SIGURTÀ

GUTSCHEINE

für dieses Gebiet und Umgebung siehe Seiten 263–273

VALEGGIO SUL MINCIO – Der *Parco Giardino Sigurtà* ist ein 60 ha großer Gartenpark in der Nähe des Gardasees. Diese Anlage gehört zu den schönsten Gartenanlagen der Welt. Der Besucher findet eine fast grenzenlose Landschaft vor, die minutiös gepflegt ist. Bis in jeden kleinsten Winkel werden die Schönheiten der Natur zur Geltung gebracht. Die mediterrane Parklandschaft mit ihren kleinen Teichen schafft eine ungemein harmonische und beruhigende Umgebung.

Seerose

Viale delle Rose (Rosenpfad)

Wie kommt man hin?

Über die Autobahn A4 Ausfahrt Peschiera del Garda. Über die Schnellstraße SS 249 Richtung Valeggio sul Mincio. Ungefähr 8 km der Beschilderung zum Garten folgen.

Was wird geboten?

Die Arbeit am Garten begann im Jahre 1617 und wurde in 40-jähriger Kleinarbeit vom Grafen Carlo Sigurtà bewerkstelligt. Er verwandelte die trockene Moränenlandschaft in einen Garten Eden, indem er ein altes Wasserrecht nutzte, das ihm den Zugriff auf das Wasser des nahen Flusses Mincio ermöglichte. So entstand auf einem sieben Kilometer langen Gelände die 60 ha große Parkanlage mit ihrer reichen Mittelmeerflora inmitten einer hügeligen Landschaft. Erst seit dem Jahre 1978 ist es möglich, dieses unbeschreiblich harmonische Zusammenspiel von Naturschönheiten zu besichtigen. Es gibt zwei empfohlene Spazierrouten (für beide benötigt man jeweils eine Stunde), die die besonderen Höhepunkte der Gartenarchitektur und der dazugehörigen Pflanzenwelt untereinander verbinden. Es können auch Fahrräder oder kleine Elektofahrzeuge gemietet werden. Darüber hinaus gibt es die Möglichkeit, mit einer kleinen Bahn eine Rundfahrt zu unternehmen.

TOP, weil ...

dieser Park, der inmitten einer Trockenlandschaft entstanden ist, zu den schönsten Gartenanlagen der Welt gehört.

INFO

Parco Giardino Sigurtà
Valeggio sul Mincio (VR)
Tel. 0039 045 6371033
www.sigurta.it

Öffnungszeiten
8. März–24. Nov. von 9–19 Uhr; März, Okt. und Nov. bis 18 Uhr

Parco Sigurtà

10 INCISIONI RUPESTRI (FELSZEICHNUNGEN)

GUTSCHEINE

für dieses Gebiet und Umgebung siehe Seiten 263–273

TORRI DEL BENACO – In einem großen Gebiet am Gardasee, und zwar zwischen den Ortschaften Garda und Malcesine, finden sich Felszeichnungen, *Incisioni Rupestri* genannt. Die meisten von ihnen sind in der Ortschaft Brancolino anzutreffen, die in der Gegend von Torri del Benaco liegt. Die ältesten Zeichnungen, die aussehen wie von Kinderhand in den Fels geritzt, sind etwa 3000 Jahre alt und somit die ältesten menschlichen Kunstwerke am Gardasee.

Wie kommt man hin?

Um zu den Felszeichnungen zu gelangen, die sich am Hang des *Monte Luppia* befinden, muss man die Staatsstraße SS 249 (*Gardesana Orientale*) südlich von Torri del Benaco in der Località *Brancolino* beim *Capitello delle Anime* verlassen.

Scaliger Burg und Hafen von Torri del Benaco

Felszeichnung „Pietra dei Cavalieri"

TOP, weil ...

diese Felszeichnungen und das dazugehörige Museum den Besucher in die Zeit der frühen Besiedlung der Seeumgebung entführen.

INFO

Castello Scaligero di Torri del Benaco (VR)
Viale F.lli Lavanda 2
Tel. 0039 045 629611
www.torri-del-benaco.net/castello_scaligero.htm

Besichtigung
1. April–31. Mai von 9.30–12.30 und 14.30–18 Uhr,
1. Juni–30. Sept. von 9.30–13 und 16.30–19.30 Uhr,
1.–31. Okt. von 9.30–12.30 und 14.30–18 Uhr

Was wird geboten?

Zeichnungen auf Felsen, die durch den Gletscher im Zeitalter des Quartär (umfasst die letzten 1,8 Millionen Jahre der Erdgeschichte) zu natürlichen Tafeln geschliffen wurden. Wie sich nur vermuten lässt, stammen sie von Jägern und Hirten, die durch diese Gegend zogen. Um den Fels überhaupt gravieren zu können, muss ein sehr harter Stein, wie z. B. Serpentin oder Quarzit, benutzt worden sein. Das Alter der Felszeichnungen ist sehr unterschiedlich, wobei die ältesten mit 3000 Jahren datiert werden. Die *Pietra delle Griselle* und die *Pietra dei Cavalieri* sind die beiden interessantesten Felsen mit Gravur in Brancolino. Das Museum in der Burg der Scaliger in Torri hat einen eigenen Saal der Felszeichnungen, in dem ihre Entstehungsgeschichte behandelt wird. Der größte gravierte Felsen der Gardasee-Region befindet sich in der Ortschaft Crero, die zudem ein herrliches Seepanorama zu bieten hat. Crero erreicht man von Torri aus über die Gardesana. Nach ca. 4 km in nördliche Richtung biegt man vor der Ortschaft La Pozza rechts ab. Sehr begrenzte Parkmöglichkeit bei der *Trattoria Panoramica*. Über den Weg 207 gelangt man in einer Viertelstunde zu den ersten Zeichnungen (man muss sehr genau hinschauen um die Felszeichnungen zu erkennen).

TIPP

Hotel Gardesana

Genießen Sie gastronomische Highlights auf unserer Sonnenterrasse direkt am See. Es stehen 34 Zimmer im Venezianerstil aus dem 19. Jh. zur Verfügung.

Piazza Calderini 20
I-37010 Torri del Benaco (VR)
Tel. 0039 045 7225411
Fax 0039 045 7225771
www.hotel-gardesana.com
info@hotel-gardesana.com

10 TRENTO – ROVERETO

Castello del Buonconsiglio

1 CASTELLO DEL BUONCONSIGLIO

GUTSCHEINE

für dieses Gebiet
und Umgebung
siehe Seiten 232–243

TRENTO – Das *Castello del Buonconsiglio* wurde in der ersten Hälfte des 13. Jahrhunderts als kaiserliches Refugium errichtet. Das Schloss besteht heute aus mehreren Gebäudeabschnitten, die aus den verschiedensten Epochen stammen und von einer imposanten Ringmauer mit Türmen umgeben sind. Im Inneren befindet sich eine beeindruckende, im italienischen Stil angelegte Gartenanlage.

Wie kommt man hin?

Das *Castello del Buonconsiglio* liegt mitten in der Stadt Trient auf einem Felshügel. Trient erreicht man am besten über die Brennerautobahn.

Was wird geboten?

Im *Castello del Buonconsiglio*, das einst der Sitz der Fürstbischöfe von Trient war, sind heute die Räume des National-

Gärten des Castello del Buonconsiglio

Römische Loggia

museums untergebracht, in denen zahlreiche Sammlungen aus der zweiten Hälfte des neunzehnten Jahrhunderts aufbewahrt werden. Unzählige Erinnerungs- und Schriftstücke dokumentieren die Geschichte des Trentino von der napoleonischen Ära bis hin zum Ersten Weltkrieg. Die Sammlung enthält auch wertvolle Musikstücke aus dem 15. Jahrhundert, ein Evangelienbuch und einen gregorianischen liturgischen Kodex aus dem 9. Jahrhundert. Zudem befinden sich im Museum viele Skulpturen und Gemälde aus karolingischer Zeit sowie Fresken, Zeichnungen und Einrichtungsgegenstände. Die archäologische Abteilung des Museums, in der es Gegenstände aus der Bronze- und Eisenzeit zu sehen gibt, ist ebenso interessant.

TOP, weil ...

der Besuch des Museums im Castello del Buonconsiglio abwechslungsreich und informativ ist, wobei die Ausstellung ein breites Geschichtsspektrum abdeckt.

INFO

Castello del Buonconsiglio
Via Bernardo Clesio 5
Trento (TN)
Tel. 0039 0461 233770
www.buonconsiglio.it

Besichtigung
Di–So von 9.30–17 Uhr, 1. Juni–4. Nov. von 10–18 Uhr, geschlossen montags (ausgenommen an Feiertagen), am 1. Jänner und am 25. Dez.

TIPP

Die Trento Card bietet Ihnen die Möglichkeit, unsere Museen sowie die Stadt und ihre Umgebung ohne Bargeld mit vielen Begünstigungen zu erleben. Rabatte für Dienstleistungen wie öffentliche Transportmittel, Restaurants, Shopping, Verkostungen und vieles mehr.

Gültigkeit von 24 od. 48 Std.
Infos: Tel. 0039 0461 216000
www.apt.trento.it

2 GIRO AL SAS

GUTSCHEINE

für dieses Gebiet und Umgebung siehe Seiten 232–243

Trient, mitten im Herzen der Alpen gelegen, ist eine Stadt, die besonders von der Renaissance geprägt wurde. Im Zentrum der Stadt befinden sich zudem bemerkenswerte Bauten aus der Römerzeit und den darauffolgenden Epochen. Gebäude wie der Dom, das *Castello del Buonconsiglio*, der *Palazzo Pretorio*, die *Torre* (Turm) *Vanga*, die Kirche *Santa Maria Maggiore* und unzählige *Palazzi* im venezianischen Renaissancestil zählen zu den Sehenswürdigkeiten. Die Fußgängerzone im Zentrum der Stadt ist als *Giro al Sas* bekannt.

Wie kommt man hin?

Trient ist über die Brennerautobahn A22 erreichbar. Zudem ist die Stadt mit allen Orten der Provinz durch einen effizienten Linienbusdienst verbunden. Mehrmals pro Woche gibt es Direktverbindungen zwischen Trient und einigen großen Städten Europas (Prag, Wien, Innsbruck, Salzburg). Der Busbahnhof befindet sich in der *Via Pozzo*, 100 m vom Bahnhof entfernt. Mit dem Zug ist Trient auf der Brennerbahnlinie und

Das Teatro Sociale

Durchblick zur Via Belanzani

TOP, weil ...

der Giro al Sas eine kleine Kulturreise durch das Zentrum der Stadt Trient ist.

INFO

Azienda per il turismo
Trento, Monte Bondone,
Valle dei Laghi
Via Manci 2
Trento (TN)
Tel. 0039 0461 216000
www.apt.trento.it
www.trentino.to

auf der Bahnlinie der Valsugana ab Venedig erreichbar. Der Bahnhof befindet sich in der Nähe der Altstadt.

Was wird geboten?

Von der reizenden kleinen *Piazza Pasi* geht es weiter auf der *Via Oss Mazzurana*. Auf der rechten Seite befinden sich der *Palazzo Tabarelli*, eines der besten Beispiele der Trentiner Renaissancearchitektur, und der *Palazzo Cazuffi*, der im 16. Jahrhundert vom Brescianer Lattanzio Gambara mit biblischen Szenen verziert wurde. Es folgt der *Palazzo Festi*, der das 1819 eingeweihte *Teatro Sociale* beherbergt – in der damaligen Zeit das schönste Theater Tirols. Der *Giro al Sas* geht auf der *Via San Pietro* weiter, die man über die *Piazza Cesare Battisti* erreicht. Dort steht die Kirche *San Pietro* aus dem 15. Jahrhundert. Gegenüber sticht besonders die *Torre Rella* ins Auge, die einstige Stadtresidenz der Adelsfamilie *Negri di San Pietro*. Die *Via San Pietro* mündet in den *Largo Carducci*, den belebtesten Platz des Zentrums, der gleichzeitig auch ein beliebter Treffpunkt für Bewohner der Stadt ist. Am Ende des Platzes steht der *Palazzo Firmian*, zu erkennen an seinem klassischen Portal aus dem 16. Jahrhundert.

TIPP

Gasthof Accademia

Der Gasthof Accademia befindet sich in einem liebevoll restaurierten Bau aus dem 15. Jahrhundert im Herzen von Trient, nahe dem wunderschönen Domplatz und Schloss Buonconsiglio. Die 40 Zimmer und 2 Suites mit Bad sind modern und komfortabel eingerichtet. Im Sommer können die Gäste auf Wunsch im Innenhof mit Garten frühstücken.

Vicolo Colico 4
I-38100 Trient
Tel. 0461 233600
Fax 0461 230174
www.accademiahotel.it
info@accademiahotel.it

3 CAPRONI-MUSEUM

GUTSCHEINE

für dieses Gebiet
und Umgebung
siehe Seiten 232–243

TRENTO AEROPORTO (FLUGHAFEN) – Das von Gianni Caproni und seiner Frau Timina gegründete Luftfahrtmuseum „Gianni Caproni" in Vizzola bei Trient war ursprünglich eine Sammlung von Flugzeugen, die Caproni in den Jahren 1910 bis 1920 entwickelt und gebaut hatte. Später kamen Motoren, Luftschiffteile, Propeller, eine große Fachbibliothek und ein technisches und fotografisches Archiv hinzu.

Wie kommt man hin?

Die Brennerautobahn A22 bei der Ausfahrt Trient-Zentrum (*Trento centro*) verlassen und auf der Staatsstraße SS 12 Richtung Verona fahren. Nach ca. 3 km der beschilderten Abzweigung zum Flugplatz von Trient (*Trento Aeroporto*) folgen.

Museumshalle mit Flugzeugen

Was wird geboten?

Nachdem das Museum im Krieg einige Schäden davongetragen hatte, wurde es in Vizzola neu eröffnet. Im Jahr 1988 wurde es, dem letzten Willen der Caproni-Erben entsprechend, der Autonomen Provinz Trient vermacht. Auf dem Flugplatzgelände von Trient erbaute man einen Hangar, der auf 1400 m² Ausstellungsfläche 56 Luftfahrzeugen Platz bietet. 1992 wurde das Museum eröffnet.

Derzeit sind in der ersten Abteilung 20 Flugzeuge zu besichtigen, wobei neun davon Unikate sind. Seit 1999 ist das Caproni-Museum eine Abteilung des naturwissenschaftlichen Museums von Trient und nennt sich nun *Museo G. Caproni aeronautica scienza e innovazione*. Somit widmet es sich nun neben der Luftfahrt auch anderen wissenschaftlichen Schwerpunkten, wobei man besonderes Augenmerk auf Schüler aller Altersklassen richtet.

TOP, weil ...

es im Caproni-Museum nicht nur seltene Flugzeugexponate zu sehen gibt, sondern weil immer wieder interaktive Ausstellungen, Flugveranstaltungen und vieles mehr organisiert werden.

INFO

Luftfahrtmuseum
Gianni Caproni
Via Lidorno 3 – Trento
Aeroporto – Trento (TN)
Tel. 0039 0461 944888
www.museocaproni.it

Besichtigung
Di–Fr von 9–13 und
14–17 Uhr, Sa und So
von 10–13 und 14–18 Uhr

Arbeitszimmer von Gianni Caproni

4 MONTE BONDONE

GUTSCHEINE

für dieses Gebiet und Umgebung siehe Seiten 232–243

Nur wenige Kilometer von der Stadt Trient entfernt erhebt sich der *Monte Bondone*. Der Hausberg der Trentiner war wegen seiner botanischen Raritäten immer schon von besonderem naturwissenschaftlichen Interesse. Deshalb entstanden hier ein botanischer Alpengarten, der inzwischen zu den bedeutendsten im Alpenraum zählt, und das Naturreservat *Tre Cime del Monte Bondone*. Der *Monte Bondone* bietet während des Sommers zahlreiche Wandermöglichkeiten sowie zwei Aufstiege über Klettersteige, während im Winter zahlreiche Pisten und ein großes Langlaufzentrum stadtnahes Skivergnügen versprechen.

Wie kommt man hin?

Über die Brennerautobahn A22 nach Trient, Ausfahrt *Trento Centro*. In knapp einer halben Stunde über die Staatsstraße 45 Richtung Riva del Garda. Die Straße auf den *Monte Bondone* ist ausgeschildert.

Botanischer Alpengarten Viotte

Blick aus der Sternwarte

TOP, weil ...

der Monte Bondone sowohl im Sommer als auch im Winter eine Menge Möglichkeiten zur Freizeitgestaltung bietet und einfach und schnell zu erreichen ist. Der botanische Garten Viotte ist zudem einer der schönsten im gesamten Alpenraum.

INFO

Botanischer Alpengarten
Viotte del
Monte Bondone (TN)
Tel. 0039 0461 948050
www.montebondone.it

Was wird geboten?

Der botanische Alpengarten von Viotte ist einer der ältesten und größten der Alpen. Er wurde gegen Ende der 1930er Jahre gegründet. Mitten im schönsten Gebiet des *Monte Bondone*, auf einer Höhe von 1500 m, erstreckt er sich über eine Fläche von zehn Hektar. Der Garten beherbergt eine Sammlung von über 1000 Pflanzenarten aus dem Hochgebirge der Alpen sowie aus den wichtigsten Berggruppen der ganzen Welt. Die Pflanzen sind nach dem Herkunftsland gruppiert und bilden so eine umfassende Dokumentation der Artenvielfalt im Gebirge. Während des Sommers werden Führungen angeboten sowie eine Reihe zusätzlicher Initiativen wie Touren, Theateraufführungen und Spiele. Ein Besuch im Alpengarten von Viotte ist eine einzigartige Gelegenheit, Blumen und Pflanzen je nach Jahreszeit in ihrer schönsten Farbenpracht zu erleben.

TIPP

Infos zur TRENTO CARD
Tel. 0039 0461 216000
www.apt.trento.it
Siehe Seite 167

5 STRADA DEL VINO E DEI SAPORI DI TRENTO

GUTSCHEINE

für dieses Gebiet und Umgebung siehe Seiten 232–243

Fruchtbare Böden, intakte Natur und rasch wechselnde Landschaften sind die Charaktermerkmale des Trentino. Das Klima verändert sich auf kleinstem Raum und begünstigt somit besonders unter den landwirtschaftlichen Produkten eine reiche Vielfalt. Um die große Auswahl an einheimischen Erzeugnissen und das breite Spektrum an kulturellen Angeboten zu unterstreichen, haben sich die einzelnen Produzenten zur *Strada del Vino e dei Sapori di Trento* („Straße der Weine und Köstlichkeiten des Trentino") zusammengeschlossen.

Wie kommt man hin?

Trient ist über die Brennerautobahn A22 erreichbar. Zudem ist die Stadt mit allen Orten der Provinz durch einen effizienten Linienbusdienst verbunden. Mit dem Zug ist Trient auf der Brennerbahnlinie und auf der Bahnlinie der Valsugana ab Venedig erreichbar.

Vigneti (Weinberge) in der Umgebung von Trient

Gelagerte Sektflaschen

TOP, weil ...

die Weinstraße viele Anlässe bietet, das Trentino und sein kulturell-kulinarisches Angebot zu erkunden. Vor allem eine Verkostung der Schaumweine sollte man nicht versäumen.

INFO

Trentino s.p.a.
Gebührenfreier Anruf innerhalb Italiens:
Tel. 00800 87368466
www.trentino.to
www.enotourtrento.it

Was wird geboten?

Das reiche kulturelle Angebot der Stadt Trient sowie die ländliche Umgebung mit ihrer Weinstraße sind eine ausgezeichnete Möglichkeit, um etwas vom Besten aus dieser Provinz kennenzulernen. Als absoluter Höhepunkt im Angebot der Weinstraße des Trentino wird der *Trento D.O.C. Metodo Classico* bezeichnet. Dieser Schaumwein hat eine lange Tradition, die vor allem Giulio Ferrari zu verdanken ist. 1902 begann er in einer bescheidenen Kellerei inmitten der Stadt mit der Produktion hochwertiger Schaumweine. Entlang der Weinstraße kann man sowohl mit dem Auto als auch mit dem Fahrrad die vielen Weinkeller und Schnapsbrennereien erkunden. Dabei gibt es immer wieder die Möglichkeit, die typischen Produkte zu verkosten. Die aromatische Wurst *lucanica* (Herstellung unter Aufsicht der Gourmetvereinigung „Slow food"), Ziegenkäse und ein großes Angebot an Früchten und Gemüsesorten runden den Ausflug über die Weinstraße ab.

6 DAS MART

GUTSCHEINE

für dieses Gebiet und Umgebung siehe Seiten 232–243

ROVERETO – Das MART (*Museo di arte moderna e contemporanea di Trento e Rovereto* – Museum für moderne und zeitgenössische Kunst von Trient und Rovereto) hat seit seiner Eröffnung 2002 weit über die Landesgrenzen hinaus für Aufsehen gesorgt. Das Gebäude selbst kann getrost als ein architektonisches Glanzlicht nicht nur Italiens, sondern ganz Europas bezeichnet werden. Die Ausstellungsfläche für Kunst aus dem 20. und 21. Jahrhundert umfasst sagenhafte 6000 m^2.

Eingangshalle MART

Ausstellungsstück

Wie kommt man hin?

Das MART befindet sich in Rovereto am Corso Bettini 43 und liegt ca. 10 Minuten zu Fuß vom Bahnhof entfernt. Es gibt einen gebührenpflichtigen Parkplatz mit Zufahrt auf der Nordseite (durch einen Fußgängerweg direkt mit dem Museum verbunden).

Was wird geboten?

Neben der riesigen Ausstellungsfläche bietet das Museum 5000 m^2 Räumlichkeiten für Studium, Forschung und Didaktik. Jedes Jahr haben 30.000 Kinder, Lehrer, Studenten und andere Kunstinteressierte die Möglichkeit, an didaktischen Veranstaltungen, Workshops, Führungen und Sonderveranstaltungen teilzunehmen. Eine Bibliothek, deren Schwerpunkt die Kunstgeschichte des 20. Jahrhunderts ist, zählt über 60.000 Einzelbände. Das Museum für moderne und zeitgenössische Kunst von Trient und Rovereto entstand 1987 als eigenständige Institution der Autonomen Provinz Trient und umfasst heute drei Ausstellungsorte: den Hauptsitz des Museums in Rovereto, das Renaissancegebäude *Palazzo delle Albere* in Trient und das zurzeit wegen Renovierung geschlossene *Museo Fortunato Depero* in Rovereto. Der große Architekturkomplex in Rovereto wurde vom Tessiner Architekten Mario Botta in Zusammenarbeit mit dem Ingenieur Giulio Andreolli aus Rovereto entworfen.

TOP, weil ...

das MART eines der bestausgestatteten Kunstmuseen ist und die Möglichkeit besteht, aktiv an verschiedensten Angeboten teilzunehmen.

INFO

MART Rovereto
Corso Bettini 43
Rovereto (TN)
www.mart.trento.it

Besichtigung
Di–So von 10–18 Uhr,
Fr von 10–21 Uhr,
Montag geschlossen,
Vormerkungen und Informationen
Tel. 0039 0464 438887
Gebührenfreier Anruf 800 397760 (innerhalb Italiens)

TIPP

Infos zur TRENTO CARD
Tel. 0039 0461 216000
www.apt.trento.it
Siehe Seite 167

7 CASTELLO DI ROVERETO

GUTSCHEINE

für dieses Gebiet
und Umgebung
siehe Seiten 232–243

Auf einem Felsen am rechten Ufer des Leno, genau dort wo der Fluss das Etschtal erreicht, erhebt sich Schloss Rovereto. Sein heutiges Aussehen erhielt das Schloss im 15. Jahrhundert unter den Venezianern, die die Festung umgestalteten. Der fünfeckige Grundriss und die mächtigen Mauern samt Schießscharten, welche übrigens eine hauptsächlich militärische Funktion erahnen lassen, machen das Schloss zu einem der besten Beispiele spätmittelalterlicher Festungsanlagen im gesamten Alpenraum.

Wie kommt man hin?

Rovereto wird über die Brennerautobahn A22 erreicht.

Castello di Rovereto

Rovereto mit dem Castello im Hintergrund

TOP, weil ...

das Schloss das größte Kriegsmuseum der Region ist und es sich zur Aufgabe gemacht hat, durch umfassende Information aktive Friedensarbeit zu leisten.

INFO

Castello di Rovereto
Via Castel Barco 7
Rovereto (TN)
Tel. 0039 0464 38100
www.museodellaguerra.it
www.aptrovereto.it

Besichtigung
Di–So von 10–18 Uhr

Was wird geboten?

Das Schloss wurde im 14. Jahrhundert von der Adelsfamilie der Castelbarco erbaut und im Jahr 1509 an die Habsburger übergeben. Von 1859 bis 1918 war es Sitz des 3. Regiments der Kaiserjäger. Dadurch waren im Verlauf des Ersten Weltkrieges sowohl das Schloss als auch die Stadt Rovereto, die damals zu Österreich gehörte, massiven Angriffen von Seiten der italienischen Artillerie ausgesetzt. Seit 1921 ist die Schlossanlage Sitz des *Museo Storico Italiano della Guerra*, des italienischen Kriegsmuseums. In über 30 Sälen werden Waffen aus der Zeit der Goten und Karolinger sowie eine Unzahl von Erinnerungsstücken aus dem Ersten Weltkrieg gezeigt. Das Museum hat sich zum Ziel gesetzt, das Phänomen „Krieg" aufzuarbeiten und durch fundierte Information einen Beitrag zur Erhaltung des Friedens zu leisten. Bis 1961 wurde hier die berühmte „Maria Dolens", die Gefallenenglocke (die größte noch geläutete Glocke) aufbewahrt. Heute läutet sie am nahen *Colle di Miravalle* zur Erinnerung an die Gefallenen.

TIPP

Museo Civico di Rovereto

Hunderte von Spuren prägen einen 200 Millionen Jahre alten Dinosaurierpfad in den Kalkfelsen der Anhöhen des Monte Zunia. Eine der wichtigsten europäischen paleontologischen Fundstätten.

Informationen und geführte Besichtigungen:
Museo Civico di Rovereto
Tel. 0039 0464 439055
www.museocivico.rovereto.tn.it
museo@museocivico.rovereto.tn.it

8 STRADA DEL VINO E DEI SAPORI – VALLAGARINA

GUTSCHEINE

für dieses Gebiet und Umgebung siehe Seiten 232–243

Als *Vallagarina* wird der südliche Abschnitt des Etschtales bezeichnet, und zwar das Gebiet zwischen *Besenello* (wenige Kilometer nördlich von Rovereto) und *Borghetto* an der Grenze zur Provinz Verona. Die Landschaft präsentiert sich äußerst vielfältig und reicht von den Weinbergen im Etschtal bis zur rauen Vallarsa, von den fruchtbaren Gemüsefeldern der *Val di Gresta* bis zu den sanften Wiesenflächen der Hochebene von Brentonico.

Wie kommt man hin?

Rovereto erreicht man über die Brennerautobahn A22. Zudem ist die Stadt mit allen Orten der Provinz durch einen effizienten Linienbusdienst verbunden. Mit dem Zug ist Rovereto auf der Brennerbahnlinie erreichbar.

Castel Noarna

Was wird geboten?

Die *Vallagarina* verfügt über eine Vielzahl so genannter gastronomischer Straßen, die mit einer Gesamtlänge von über 200 km die *Strada del Vino e dei Sapori della Vallagarina* („Straße der Weine und Köstlichkeiten der Vallagarina") bilden. Diese berühmte Weinstraße zieht sich durch eine Landschaft, die nicht nur reich an Burgen und Geschichte ist, sondern in der sich auch typische landwirtschaftliche Erzeugnisse, wie Grappa und vor allem Wein finden. Unter den zahlreichen Weinsorten ist besonders der Marzemino zu empfehlen, der schon in Mozarts Don Giovanni erwähnt wird. Die beste Gelegenheit, um all diese Köstlichkeiten zu probieren, sind die zahlreichen Volksfeste und folkloristischen Veranstaltungen, die hauptsächlich im Frühjahr und Sommer in der *Vallagarina* stattfinden. Zudem werden Führungen in jene Orte der *Vallagarina* veranstaltet, wo sich Mozart und sein Vater bei ihren drei Italienbesuchen aufhielten.

TOP, weil ...

die Vallagarina ein perfektes kulturelles und gastronomisches Angebot hat, das seinerzeit schon Mozart zu schätzen wusste.

INFO

Strada del Vino e dei Sapori della Vallagarina
Via Ravagni 8/b Isera
Tel. 0039 0464 480460
www.enotourtrento.it
www.trentino.to

Marzemino-Weinberge

9 ALTOPIANO DI BRENTONICO

GUTSCHEINE

für dieses Gebiet
und Umgebung
siehe Seiten 232–243

Die Hochebene von Brentonico liegt zwischen dem Gardasee und der Vallagarina auf einer Höhe zwischen 500 und 2070 m. Die fast unbegrenzte Aussicht erstreckt sich vom Gardasee über die Po-Ebene bis zu den Dolomiten und weit hinein in die Zentralalpen. Die Hochebene ist seit dem 16. Jahrhundert wegen ihrer voreiszeitlichen Flora unter Forschern aus der ganzen Welt bekannt.

Wie kommt man hin?

Brentonico und die Hochebene sind sowohl von Süden als auch von Norden über die Brennerautobahn A22 (Ausfahrt *Rovereto Sud*) erreichbar. Von der Mautstelle fährt man über die Staatsstraße SS 240 bis nach Mori und von dort weiter auf der *Monte-Baldo*-Landstraße SP 3.

Corno della Paura (Kap der Angst)

Was wird geboten?

Sehr empfehlenswert sind Ausflüge zu den Schauplätzen des Ersten Weltkriegs, die man gut mit einer Wanderung über die Hochebene verbinden kann.

Die bewirtschafteten Almen, die auf dem Weg liegen, laden immer wieder zur Einkehr ein und bieten Gelegenheit, typische einheimische Gerichte kennen zu lernen. Eine kleine Besonderheit auf der Hochebene ist der botanische Garten *Giardino dei Semplici*. Er liegt auf 690 m Meereshöhe in der Nähe des *Palazzo Eccheli-Biasi* in der Ortschaft Brentonico. Die Renaissance-Gärten von Padua und Pisa dienten als Vorlage für diese 6000 m^2 große Anlage. 500 Pflanzenarten, zum Großteil aus der freien Natur hierher verpflanzt, befinden sich momentan in der Gartenanlage. Der botanischen Abteilung des *Museo Civico di Rovereto* (Stadtmuseum), die geführte Touren organisiert, unterstand die wissenschaftliche Leitung des Projektes.

TOP, weil ...

die Hochebene von Brentonico eine ruhige und beschauliche Gegend ist, ideal um viel Zeit in der Natur zu verbringen.

INFO

Brentonico
APT Rovereto e Vallagarina – ufficio periferico
Via Mantova 4
Brentonico (TN)
Tel. 0039 0464 395149
www.aptrovereto.it

Museo Civico di Rovereto
Borgo S. Caterina 41
Rovereto (TN)
Tel. 0039 0464 439055
www.museocivico.rovereto.tn.it

Kräutergarten im Giardino dei Semplici

10 CASTELLO DI SABBIONARA / CASTEL BESENO

GUTSCHEINE

für dieses Gebiet und Umgebung siehe Seiten 232–243

An den Hängen des Monte Vignola im unteren Vallagarina-Tal erhebt sich *Castello di Sabbionara d'Avio*. Erste Zeugnisse dieser bekannten und ehrwürdigen Festungsanlage gehen auf das 12. Jahrhundert zurück. *Castel Beseno* ist die größte Festungsanlage im Trentino. In strategisch wichtiger Position auf dem gleichnamigen Hügel gelegen, diente die Burg zur Überwachung des Vallagarina-Gebietes.

Wie kommt man hin?

Castello di Sabbionara: über die Brennerautobahn bis nach Avio. Das Schloss steht gut ersichtlich direkt über dem Ort. *Castel Beseno:* von Trient weiter Richtung Süden bis ins Dorf

Castel Beseno

TIPP

Infos zur TRENTO CARD
Tel. 0039 0461 216000
www.apt.trento.it
Siehe Seite 167

Castello di Sabbionara

Besenello. Das letzte Stück des Weges zum Schloss ist schmal und steil. Ein ausgeschilderter Wanderweg führt vom Dorf in zirka einer Stunde zum Schloss.

Was wird geboten?

Die große Schlossanlage des *Castello di Sabbionara d'Avio*, eine der eindrucksvollsten des Trentino, ist von einem mächtigen, dreifachen, mit Zinnen und fünf Türmen versehenen Mauerring umgeben, darunter der Hauptturm und der sogenannte *Picadora*, von dem einst die Gehenkten hingen. Wer die Eingangshalle durchquert hat, findet sich vor einer ganzen Reihe von Bauwerken wieder, die sich allesamt um einen mächtigen Bergfried aus dem 11. Jahrhundert erheben. Darunter ist auch der *Palazzo Baronale* mit seinen zahlreichen Kunstschätzen und der berühmten *Stanza dell'amore*, der Kammer der Liebe.

Die mittelalterliche Festung *Castel Beseno* wurde Anfang des 16. Jahrhunderts umgebaut und zugleich großzügig erweitert. Heute wird das Schloss vom Besitzer, der Autonomen Provinz Trient, verwaltet und für zahlreiche historische und kulturelle Veranstaltungen genutzt.

TOP, weil ...

Castello di Sabbionara, majestätisch gelegen und bestens erhalten, als eine der eindrucksvollsten Festungen im Trentino auf alle Fälle einen Besuch wert ist, während man beim Castel Beseno besonderes Augenmerk auf die Veranstaltungen legen sollte.

INFO

Castello di Sabbionara d'Avio
Via al Castello
Sabbionara d'Avio (TN)
Tel. 0039 0464 684453

Besichtigung:
Okt.–Dez. von 10–13 Uhr, 14–17 Uhr, Feb.–Sept. von 10–13, 14–18 Uhr, Montag Ruhetag

Castel Beseno
Via Castel Beseno 6
Besenello (TN)
Tel. 0039 0464 834600

Besichtigung:
durchgehend geöffnet, März–Okt. von Di–So von 9.30–17 Uhr, Juli–Sept. von 10–18 Uhr, geschlossen am 25. Dez., 1. Jänner und am Mo, außer an Feiertagen

www.buonconsiglio.it

10 VERONA & UMGEBUNG

Luftaufnahme von Verona

1 ARENA DI VERONA

GUTSCHEINE

für dieses Gebiet und Umgebung siehe Seiten 263–273

Das Amphitheater wurde von den Römern anfangs des ersten Jahrhunderts nach Christus außerhalb des Mauerrings von Verona erbaut. Die Kämpfe in der Arena, die die Gladiatoren sowohl unter sich als auch gegen wilde Tiere austrugen, zogen ein breites Publikum an. Das Amphitheater fasste ca. 30.000 Zuschauer.

Wie kommt man hin?

Vom Hauptbahnhof zu Fuß über den *Corso Porta Nuova* direkt zur Arena. Um in Verona zu parken muss die „Verona Park", ein gebührenpflichtiger Parkschein erworben werden (im Tabakladen erhältlich). Gebührenfreie Parkplätze: Stadium, Piazzale Guardini, Viale Colonnello Galiano, Via Frà Giocondo. Weitere Parkplätze unter: www.comune.verona.it. Fahrkarten für die orangefarbenen Stadtbusse gibt es im Tabakladen oder an Zeitungskiosken zu kaufen.

Veranstaltung „Anteprima Opera"

Was wird geboten?

Die Fassade des Amphitheaters, von der noch ein kleiner Teil zu sehen ist (die so genannte „Ala"), war mit großen, weiß- und rosafarbigen Kalksteinblöcken aus der nahen Valpolicella errichtet worden.

Während des Mittelalters wurde die Arena als Steinbruch genutzt. Seit der Renaissance ist das Monument mehrfach restauriert worden, wobei man die kompletten Stufenreihen instand setzte. Zudem wurde das Bauwerk wieder als Aufführungsort verschiedenster Veranstaltungen genutzt. Seit 1913 wird jedes Jahr im Sommer ein Opernzyklus aufgeführt. Heute gibt es neben dem großartigen Sommerangebot auch eine Einführung in die Welt der Oper.

Die *Anteprima Opera* ist eine Veranstaltung rund um die Oper und ihre Geschichte sowie ein kleiner kulinarischer Ausflug durch Verona. Am Nachmittag vor der Aufführung erläutern die Opernsänger das Werk und den Komponisten und geben, begleitet von Klaviermusik, Kostproben ihres Könnens.

TOP, weil ...

es nirgendwo sonst so schöne Opernaufführungen unter freiem Himmel gibt.

INFO

Arena di Verona
Piazza Bra 28
Verona (VR)
Tel. 0039 045 8005151
www.arena.it
www.anteprimaopera.it

Piazza Bra, im Hintergrund die Arena

2 KLASSISCHE STADTTOUR

GUTSCHEINE

für dieses Gebiet und Umgebung siehe Seiten 263–273

Verona ist eine Stadt, in der Geschichte und Kunst fließend ineinander übergehen. Viele wichtige Spuren der Vergangenheit sind erhalten geblieben und offenbaren dem Besucher die verschiedenen historischen Epochen der Stadt. In ganz Oberitalien gibt es keine Stadt, die sich mit Verona vergleichen ließe. Verona ist alt, vornehm, berühmt, zugleich aber auch farbenfroh, heiter und voller Leben.

Wie kommt man hin?

Über die Brennerautobahn A22 oder über die Autobahn A4 Mailand–Venedig. Verona liegt außerdem an den wichtigsten Bahnstrecken Norditaliens: Mailand–Venedig bzw. an

Luftaufnahme von der Arena di Verona

Piazza Erbe

der Brennerbahnlinie. Auch mit dem Flugzeug ist die Stadt sehr gut erreichbar. Der Flughafen *Valerio Catullo* liegt nur zwölf Kilometer von Verona entfernt. Um in Verona parken zu können, muss man die „Verona Park" erwerben, einen gebührenpflichtigen Parkschein (in Tabakläden erhältlich). Gebührenfreie Parkplätze: Stadium, Piazzale Guardini, Viale Colonnello Galiano, Via Frà Giocondo. Weitere Parkplätze unter: www.comune.verona.it. Fahrkarten für die orangefarbenen Stadtbusse gibt es in Tabakläden oder an Zeitungskiosken zu kaufen. Vom Hauptbahnhof kommt man zu Fuß über den *Corso Porta Nuova* in etwa 25 Minuten direkt zur Arena.

Was wird geboten?

Die Besichtigung der Innenstadt beginnt an der Arena und führt dann durch die Straßen der Altstadt bis zum Haus der Julia. In der *Via Cappello* 23 steht die *Casa di Giulietta*, das Haus der Familie Capuleti aus dem 13. Jahrhundert. Hier hat Julia gewohnt – so wenigstens schrieb William Shakespeare, der 1594 bis 1595 die Tragödie *Romeo and Juliet* verfasste. Den Balkon der Julia, der in dieser wohl berühmtesten Liebesgeschichte der Weltliteratur vorkommt, kann der Verona-Besucher immer noch bewundern. Weiter geht es über die *Piazza delle Erbe*, einst ein römisches Forum, die *Piazza dei Signori*, den *Cortile Mercato Vecchio* bis zu den *Arche Scaligere*, der Grabstätte der Scaliger. Durch den *Corso Portoni Borsari* und die *Porta Romana* geht es zurück zum Ausgangspunkt, der *Piazza Bra*.

TOP, weil ...

diese Stadtrunde den Besucher zum Schauplatz der vielleicht bekanntesten Liebestragödie der Weltliteratur überhaupt entführt.

INFO

Consorzio Verona Tuttintorno
L.go Caldera 11
Verona (VR)
Tel. 0039 045 8009461
www.veronatuttintorno.it

3 CASTELVECCHIO

GUTSCHEINE

für dieses Gebiet und Umgebung siehe Seiten 263–273

Erbaut wurde die Festung in den Jahren 1354 bis 1357 im Auftrag der damals in Verona herrschenden Familie Scala. Das Castelvecchio war sowohl herrschaftliche Residenz als auch Festung. Während der napoleonischen Epoche und zur Zeit der österreichischen Herrschaft diente es als Kaserne. Nach einer kompletten Restaurierung im Jahre 1928 wurde im Castelvecchio eines der bedeutendsten Kunstmuseen des Veneto eingerichtet.

Wie kommt man hin?

Das Museum liegt in Verona am orografisch rechten Etschufer und ist zu Fuß vom Hauptbahnhof aus über den *Corso Porta Nuova* und die *Via Roma,* die an der Piazza Bra nach links abzweigt, zu erreichen.
Um in Verona parken zu können, muss man die „Verona Park" erwerben, einen gebührenpflichtigen Parkschein (in den Tabakläden erhältlich). Gebührenfreie Parkplätze: Stadium, Piaz-

Ponte Castelvecchio mit Burganlage

zale Guardini, Viale Colonnello Galiano, Via Frà Giocondo. Weitere Parkplätze unter: www.comune.verona.it. Fahrkarten für die orangefarbenen Stadtbusse werden in Tabakläden oder an Zeitungskiosken verkauft.

Was wird geboten?

Das Museum wurde nach dem Zweiten Weltkrieg neuerlich restauriert. Von Carlo Scarpa in den Jahren 1957 bis 1964 gemäß moderner Museumskunde eingerichtet, bietet es einen vollständigen Überblick über die veronesische Malerei vom 12. bis ins 16. Jahrhundert. Fresken von Veroneser Malern, Gemälde von Stefano da Verona, Pisanello, Giambono, Carlo Crivelli, Mantegna, Carpaccio und von Giovanni und Gentile Bellini bilden nur einen kleinen Teil der Exponate im Castelvecchio.

Eine eigene Abteilung ist den veronesischen Renaissancekünstlern Morone, Liberale da Verona, Girolamo da Libri und Veronese sowie den venezianischen Künstlern gewidmet. In der *Sala Boggian* hingegen sind die temporären Ausstellungen untergebracht.

Ponte Castelvecchio im Winter

TOP, weil ...

das Castelvecchio eines der bedeutendsten Kunstmuseen des Veneto beherbergt.

INFO

Castelvecchio
Corso Castelvecchio 2
Verona (VR)
Tel. 0039 045 8062611
www.comune.verona.it

Besichtigung
Di–So von 8.30–19.30 Uhr,
Mo von 13.45–19.30 Uhr

4 BASILICA SAN ZENO

GUTSCHEINE

für dieses Gebiet und Umgebung siehe Seiten 263–273

Die Basilika *San Zeno Maggiore*, erbaut im 12. und 13. Jahrhundert, wird als eines der größten Meisterwerke der romanischen Baukunst bezeichnet und ist zugleich eine der bedeutendsten Kirchen Veronas. Während ein Großteil des Baus von der Romanik geprägt ist, zeigen sich in der Decke schon gotische Formen. An der Stelle der heutigen Basilika, entstand im 4. Jahrhundert eine erste Kirche, welche im 9. Jahrhundert auf Befehl König Pippins wieder aufgebaut wurde.

Wie kommt man hin?

Vom Hauptbahnhof aus zu Fuß über den *Corso Porta Nuova* und die *Via Roma,* die an der Piazza Bra nach links abzweigt, zum *Castelvecchio*. Weiter über die *Rigaste San Zeno* und die *Via Barbara* zur Basilika. Um in Verona parken zu können, muss man die „Verona Park" erwerben, einen gebührenpflichtigen Parkschein (in Tabakläden erhältlich). Gebührenfreie Parkplätze: Stadium, Piazzale Guardini, Viale Colonnello Galiano, Via Frà Giocondo. Weitere Parkplätze unter: www.comune.verona.it. Fahrkarten für die orangefarbenen Stadtbusse gibt es in Tabakläden oder an Zeitungskiosken zu kaufen.

Basilica San Zeno

Blick in den Chor von San Zeno

TOP, weil ...

weil die Besichtigung dieses Meisterwerks romanischer Baukunst ausgezeichnet in einen historischen Stadtrundgang eingebunden werden kann.

INFO

Associazione „Chiese Vive"
Corte S. Elena –
Piazza Duomo 35
Verona (VR)
Tel. 0039 045 592813
www.chieseverona.it

Was wird geboten?

Die Fassade der Basilika stammt aus der zweiten Hälfte des 12. Jahrhunderts und gehört zu den bedeutendsten Kirchenfassaden der europäischen Romanik. San Zeno wurde in zwei Arbeitsphasen errichtet, wobei jeweils unterschiedliche Stilrichtungen zur Anwendung kamen. Die Vorhalle, das Portal und die Marmorreliefs fallen zum Teil in die erste Phase, die bis 1138 dauerte. Im Zeitraum danach wurden die bisherigen, bereits fertigen Elemente modifiziert und neu zusammengesetzt. Zwei große Meister waren an der Neugestaltung maßgeblich beteiligt, der Meister Niccolò und der jüngere Meister Guglielmo. Allein der Eingangsbereich der Basilika bietet eine ganze Fülle plastischer Kunstwerke. Dabei besteht ein Zusammenhang in den Themen der Darstellungen auf dem Portalvorbau selber, dem Tympanon (Schmuckfläche über den Portalen), auf den Türplatten und den seitlichen Marmorreliefs. Beeindruckend sind vor allem der *Campanile* (Glockenturm) und die großen Rundfenster der Fassade.

5 VERONA RUDERND ENTDECKEN

GUTSCHEINE

für dieses Gebiet und Umgebung siehe Seiten 263–273

Die Stadt einmal aus einer anderen Perspektive sehen und kennenlernen. Die Etsch, die am Reschenpass entspringt und in die Adria mündet, durchfließt Verona in großen Mäandern. Die weite Schleife, mit der der Fluss die historische Innenstadt einschließt, endet bei der zinnengekrönten Brücke des Castelvecchio. In einer eineinhalbstündigen, eindrucksvollen Fahrt auf der Etsch kann man die Stadt vom Boot aus besichtigen.

Wie kommt man hin?

Die Brücke *Ponte Scaligero* ist zu Fuß vom Hauptbahnhof aus über den *Corso Porta Nuova* und die *Via Roma,* die an der Piazza Bra nach links abzweigt, zu erreichen. Um in Verona zu parken, muss man die „Verona Park", einen gebührenpflichtigen Parkschein erwerben (in Tabakläden erhältlich). Gebührenfreie Parkplätze: Stadium, *Piazzale Guardini*, *Viale*

Luftaufnahme von Verona mit dem Fluss Etsch

Colonnello Galiano, Via Frà Giocondo. Weitere Parkplätze unter: www.comune.verona.it. Fahrkarten für die orangefarbenen Stadtbusse werden in Tabakläden oder an Zeitungskiosken verkauft.

Was wird geboten?

Die Tour beginnt an der Brücke *Ponte Scaligero* (Nähe *Museo Castelvecchio*). Selbstverständlich stehen dem Bootsfahrenden ein erfahrener Bootsführer sowie ein Fremdenführer zur Seite. Einmal abgelegt, rudert man unter den Brücken *Ponte della Vittoria, Ponte Garibaldi, Ponte Pietra und Ponte Nuovo* hindurch bis hinunter zum *Ponte delle Navi*. Während der Fahrt kann man in aller Ruhe die Brücken, Monumente, Kirchen und Paläste aus den verschiedenen Epochen Veronas an sich vorbeiziehen lassen. An besonders interessanten Punkten werden Zwischenstopps eingelegt. Nachdem das Boot den Endpunkt der Flussfahrt, die *Zona Filippini*, erreicht hat, wartet dort schon der Bus für den Rücktransport der Ruderer zum Ausgangspunkt.

TOP, weil ...

die Erkundung des historischen Stadtkerns mit dem Ruderboot ohne Hektik und fern ab vom Verkehr verläuft.

INFO

Èquipe D'Acqua Viva
Verona
Via Confortini 7
Verona (VR)
Tel. 0039 045 8921733
Handy 0039 347 8892498
www.adigerafting.it

Ponte Pietra

6 MUSEO NICOLIS

GUTSCHEINE

für dieses Gebiet und Umgebung siehe Seiten 263–273

Das Nicolis-Museum wurde im Jahr 2000 vom Unternehmer und Sammler Luciano Nicolis gegründet. Das Hauptthema des Museums ist die Entwicklungsgeschichte des Automobils. Die große Sammlung umfasst Autos, Motorräder und Fahrräder, aber auch Fotoapparate, Schreibmaschinen, Musikinstrumente und viele andere Dinge, die zudem alle voll funktionstüchtig sind.

Wie kommt man hin?

Über die Brennerautobahn A22 oder über die Autobahn Mailand–Venedig A4, Ausfahrt Verona-Nord–Aeroporto nehmen. Beim Kreisverkehr zweite Ausfahrt Richtung Mantova–Aeroporto–Fiera–Tangenziale nehmen, um auf die SR 62 (Viale Postumia) zu gelangen.

Multimedia-Abteilung mit Oldtimer

Klassenführung im Museum

TOP, weil ...

das Nicolis-Museum einen Schlechtwettertag am Gardasee in einen interessanten Ausflug in die Welt der Technik und Mechanik verwandeln kann.

INFO

Museo Nicolis
Viale Postumia
Villafranca di Verona (VR)
Tel. 0039 045 6303289
www.museonicolis.com

Besichtigung
Di–So von 10–18 Uhr,
Montag geschlossen

Was wird geboten?

Die Sammelleidenschaft von Luciano Nicolis, seine Nachforschungen und die große Geduld bei der Instandsetzung der Exponate schuf eine in ihrer Vielfalt und Einzigartigkeit unübertroffene Ausstellung. Die Stücke sind in einem modernen Gebäude aus Glas und Stahl untergebracht. Das Museum widmet sich in eigenen Abteilungen der Technik und Mechanik, wobei das Hauptaugenmerk nicht nur auf dem Automobil liegt, sondern vom Motorrad über das Fahrrad bis hin zu Musikinstrumenten, Schreibmaschinen und Fotoapparaten reicht. Das Nicolis-Museum beherbergt nicht nur eine der bedeutendsten Auto- und Motorrad-Oldtimersammlungen, sondern bietet zudem einen Mehrzwecksaal, eine gut ausgestattete Bibliothek, einen Raum für zeitgenössische Ausstellungen und einen Bücherladen.

7 SOAVE

GUTSCHEINE

für dieses Gebiet
und Umgebung
siehe Seiten 263–273

Das Gebiet um das Städtchen Soave gilt seit jeher als das Land der Weißweine. Trotz der breiten Palette von qualitativ hochwertigen Veroneser Weinen ist es nur auf diesem Hügel gelungen die idealen Bedingungen für den Anbau gewisser Rebsorten und deren Verarbeitung zu ausgezeichneten Weinen zu schaffen. Dazu gehört die Traubensorte *Uva Garganega*, die zur Herstellung des wohlschmeckenden Soave-Weißweines verwendet wird.

Wie kommt man hin?

Über die Brennerautobahn A22, dann weiter auf der Autobahn A4 Mailand–Venedig bis zur Ausfahrt Soave–San Bonifacio und weiter in die nahe Stadt.

Strada del Vino Soave (Weinstraße)

Castello di Soave

TOP, weil ...

ein Ausflug nach Soave und seiner Umgebung in eine wunderbare Weingegend voller Geschichte und Sehenswürdigkeiten führt, und die Verkostung der besten Weißweine direkt am Herkunftsort ein ganz spezieller Genuss ist.

INFO

Associazione Strada del Vino Soave
Via Mattieli 11
Soave (VR)
Tel. 0039 045 7681407
www.stradadelvinosoave.com

Was wird geboten?

Soave ist eine kleine Stadt mit 6773 Einwohnern zwischen Verona und Vicenza. Sie ist von einer komplett erhaltenen Stadtmauer mit 24 Türmen umgeben, wobei das Stadtbild von der großen Burg der Scaliger beherrscht wird. Die Burg ist der Öffentlichkeit zugänglich. Der gleichnamige Soave-Wein ist nach dieser Stadt benannt. Das Gebiet um das Städtchen ist reich gesegnet an Burgen, Kirchen und Adelsvillen, allesamt eingebettet in ein Meer aus Weinreben. Tradition und Geschichte prägen die örtliche Gastronomie. Ein Rundweg führt den Besucher zu den wichtigsten Betrieben des Gebietes sowie zu den historischen Sehenswürdigkeiten und bedeutendsten Zeugnissen bäuerlicher Kultur. Das historische Anbaugebiet des hochwertigen *Soave Classico* befindet sich etwas weiter südlich in der Nähe der Ortschaft Monteforte d'Alpone. Die Umgebung Soaves ist reich an Geschichte und gut erhaltenen historischen Baulichkeiten, die allesamt einen Abstecher wert sind.

8 VILLAFRANCA – VALEGGIO – BORGHETTO

GUTSCHEINE

für dieses Gebiet und Umgebung siehe Seiten 263–273

Obwohl dieses Gebiet, umrahmt von den Gemeinden Villafranca, Castelnuovo, Valeggio sul Mincio, Sona und Bussolengo, zum Gardasee-Bezirk gehört, unterscheidet es sich in geschichtlicher und kultureller Hinsicht sehr von den übrigen Seeortschaften. Die Landschaft ist von einem ununterbrochenen Auf und Ab sanft geschwungener Moränenhügel geprägt, die diese Gegend besonders geeignet für den Weinbau machen.

Wie kommt man hin?

Villafranca: Brennerautobahn A22, Ausfahrt Verona-Nord, oder A4 Mailand–Venedig, Ausfahrt Sommacampagna.
Valeggio und Borghetto: Brennerautobahn A22, Ausfahrt Nogarole Rocca, oder A4 Mailand–Venedig, Ausfahrt Peschiera del Garda.

Borghetto

Castello Scaligero

TOP, weil ...

alle drei Ortschaften mit herausragenden geschichtlichen Ereignissen verbunden sind.

INFO

Consorzio Verona Tuttintorno
L.go Caldera 11
Verona (VR)
Tel. 0039 045 8009461
www.veronatuttintorno.it

Was wird geboten?

In geschichtlicher und architektonischer Hinsicht bietet dieses Gebiet unzählige Zeugnisse. Hier wurden die Risorgimento-Schlachten geschlagen, und Villafranca, einer der befestigten Orte des österreichischen Vierecks, wurde sogar zur Hauptstadt des italienischen Risorgimento ernannt. Über Villafranca thront das Scaliger-Schloss aus dem 14. Jahrhundert. Im Städtchen selbst gibt es eine Vielzahl von Zeugnissen, die von der Römerzeit bis zur Scaliger-Herrschaft, von der prunkvollen Ära der Serenissima, also der Republik Venedig, bis hin zum Rinascimento reichen. Ebenso ist Valeggio sul Mincio, um das sich Scaliger und Gonzaga stritten, ein wichtiger Markstein der Geschichte. Die Entstehung des Ortskerns reicht in die Langobardenzeit zurück (8. Jahrhundert n. Chr.). Das Mincio-Tal wurde erstmals während der Bronzezeit besiedelt, wo mitten im Fluss in der Nähe des heutigen Borghetto eine Pfahlbautensiedlung errichtet wurde. Zwei herausragende Bauwerke beherrschen die Landschaft: die Scaliger-Burg und die Visconteo-Brücke in Borghetto, einer herrlichen, mittelalterlichen Ortschaft an den Ufern des Mincio.

9 VALPOLICELLA

GUTSCHEINE

für dieses Gebiet und Umgebung siehe Seiten 263–273

Valpolicella nennt sich das Weinbaugebiet in den lessinischen Bergen nördlich von Verona und östlich des Gardasees. Unweigerlich denkt man bei der Erwähnung der Valpolicella an den Recioto und den Amarone, die einzigen Weine der Antike, die zweitausend Jahre mit all ihren Veränderungen überlebten. Aber diese Gegend lebt nicht nur vom Wein, sondern hat auch sonst allerlei zu bieten.

Wie kommt man hin?

Über die Brennerautobahn A22, Ausfahrt Affi. Die weitere Anfahrt hängt vom gewählten Ziel in der Valpolicella ab.

Was wird geboten?

Die Valpolicella lebt nicht nur vom Wein, sondern vereint auf kleinem Raum Geschichte und Archäologie, eine große Anzahl von Naturschauspielen sowie Handwerkskunst und traditionelle Gastronomie. Die größte Naturbrücke der Welt,

Weinberge in Valpolicella

San Giorgio

TOP, weil ...

aus der Valpolicella einige der besten Weine Italiens kommen und diese Landschaft auf kleinstem Raum Naturschauspiele, Kunst, Geschichte und Gastronomie vereint.

INFO

Consorzio Verona Tuttintorno
L.go Caldera 11
Verona (VR)
Tel. 0039 045 8009461
www.veronatuttintorno.it

der *Ponte di Veja,* die Wasserfälle von Molina, die Klause von Ceraino, die Höhlen von Pru und das sechs Meter lange Haifischfossil im Museum von Sant'Anna sind nur einige der vielen interessanten Sehenswürdigkeiten der Valpolicella. Auch die Kunst kommt nicht zu kurz. Etwa hundert venezianische Villen gibt es in dieser Gegend, deren Säle reich bemalt sind mit Fresken verschiedenster Künstler. Dazwischen immer wieder Landwirtschaft, die mit einem breiten Angebot an Produkten aufwartet. In vielen kleinen Handwerks- und Industriebetrieben ist die Manufaktur erhalten geblieben, was sich besonders in den Handwerksbetrieben des Marmorabbaugebietes von Sant'Ambrogio-Dolcè widerspiegelt. Nicht zu vergessen die Gastronomie: In den vielen *Osterie* und *Trattorie* werden raffinierte einheimische Gerichte serviert.

10 GEBIRGSREGION LESSINIA

GUTSCHEINE

für dieses Gebiet
und Umgebung
siehe Seiten 263–273

Die Lessinia ist eine Gebirgsregion mit einer weiten Hochebene im nördlichen Teil der Provinz Verona. 1990 wurde hier ein Naturpark errichtet, der ein Gebiet von unschätzbarem naturwissenschaftlichen Interesse umfasst. Diese Gebirgsregion mit den nach Süden ausgerichteten Tälern ist eine natürliche Grenze zwischen dem Flachland der Po-Ebene und der dahinter aufstrebenden Bergwelt.

Wie kommt man hin?

Die Lessinia ist sowohl mit dem Auto als auch mit öffentlichen Verkehrsmitteln einfach zu erreichen. Die genaue Anfahrt hängt vom gewählten Ziel bzw. der gewählten Freizeitbetätigung ab.

Sentiero (Weg) Orriz

Monte Carega

TOP, weil ...

die Lessinia eine Gebirgsregion mit einem breitgefächerten Freizeitangebot in einer sehr urtümlichen Gegend ist. In der nach Süden ausgerichteten Lessinia kann schon sehr früh im Jahr etwas unternommen werden.

INFO

Museo dei Fossili di Bolca
Via S. Giovanni Battista
Bolca (VR)
Tel. 0039 045 6565088
www.lessiniamusei.it

Besichtigung
Nov.–Feb. von Di–So
von 10–12 und 14–17 Uhr,
März–Okt. von 9–13 und
14–18.30 Uhr

Was wird geboten?

Ab Verona gibt es organisierte Tagesausflüge in die eindrucksvolle Landschaft der Lessinia. Geboten wird eine kulinarische Entdeckungsreise durch die Welt der Käseherstellung (trägt die Bezeichnung Dop = italienisches Kürzel für geschützte Ursprungsbezeichnung), des Olivenöls und anderer Gaumenfreuden dieser Region.

Eine großartige Anfahrtsalternative ist das Mountainbike. Eine fünftägige Bergradtour bringt den Radfahrer ab Verona in den Naturpark. Immer wieder kann man an interessanten Stellen Rastpausen einlegen und sich in den typischen *Trattorie* die regionalen Spezialitäten auftischen lassen. Ebenso bietet sich ein Trekking durch den Naturpark an. In vier Tagen kann der Urlauber von der Ortschaft Giazza über den Fernwanderweg E5 nach Verona wandern. Unbedingt miteinzuplanen ist ein Besuch im Fossilienmuseum. Der Monte Bolca ist eine der bedeutendsten Fossillagerstätten Europas. Die Gegend wurde während der Auffaltung der Alpen zweimal vom Meeresboden hochgehoben, einmal vor 30 bis 50 Millionen Jahren, ein weiteres Mal vor 24 Millionen Jahren. In den einzelnen Horizonten der Kalksteinschicht finden sich ausnehmend gut erhaltene Fossilien.

10 INSIDER-TIPPS

Wanderung mit Fernblick

1 MIT DER FÄHRE UM DEN SEE

GUTSCHEINE

für dieses Gebiet und Umgebung siehe Seiten 232–273

Der Gardasee, seine Landschaft und seine Ortschaften vereinen ein einmaliges Landschaftsbild, das eigentlich sehr untypisch für einen Bergsee ist. Leider sind die Straßen, die sich am See rechts (*Gardesana Occidentale*) und links (*Gardesana Orientale*) entlang schlängeln, schmal und die Parkmöglichkeiten begrenzt. Eine interessante und ausgezeichnet funktionierende Alternative zum „mühsamen" Auto sind die Fähren.

Wie kommt man hin?

Am einfachsten außerhalb von Torbole, Riva oder einer der vielen Ortschaften, die vom Fährdienst angefahren werden (siehe Internetseite), den Wagen parken und mit den Schiffen weiterfahren.

Fähre am Gardasee

Was wird geboten?

Wer einmal mit dem Auto um den Gardasee herumgefahren ist und an den schönen Stellen verzweifelt nach einem Parkplatz gesucht hat oder eben nur von der einen Seeseite zur anderen wollte, der weiß, wie lange so ein „Unterfangen" dauern kann. Beinahe alle Orte rund um den Gardasee sind durch zahlreiche Fährverbindungen miteinander verbunden. Dabei gibt es die gemütliche Variante: eine Panoramafahrt auf einem Ausflugsdampfer oder die zeitsparende und schnelle Variante des Tragflächenbootes. Neben den zahlreichen Fährverbindungen für den Personenverkehr bietet das Fährunternehmen *Navigarda* auch zwei interessante Möglichkeiten, um mit dem Auto in kürzester Zeit auf die andere Uferseite zu gelangen (Torri del Benaco – Toscolano Maderno und Limone – Malcesine). Die Autoplätze auf den Fähren sind beschränkt; deshalb empfiehlt es sich rechtzeitig vor den Abfahrtszeiten an den jeweiligen Anlegestellen vorzufahren.

TOP, weil …

der Besuch der einzelnen Ortschaften am Seeufer mit der Fähre zum gemütlichen und vor allem stressfreien Erlebnis wird.

INFO

Navigazione Lago di Garda
Gardasee-Schifffahrt
Piazza Matteotti 1
Desenzano del Garda (BS)
Tel. 0039 030 9149511
www.navigazionelaghi.it

Anlegeplatz Fähre

2 KORB- UND SESSELLIFT PRADA-COSTABELLA

GUTSCHEINE

für dieses Gebiet und Umgebung siehe Seiten 263–273

PRADA – Mit dem Korblift kann man von Prada nach Malga Prada in Ortigaretta und von dort weiter mit dem Sessellift zur Gipfelstation Costabella fahren, um von dort die tolle Aussicht über den Gardasee zu genießen. Von Costabella erreicht man in ca. 1 ½ Stunden die Schutzhütte *Rifugio Telegrafo* auf 2200 m. Eigentlich nichts Besonderes, oder? Die Anlage stand sechs Jahre lang still und wurde 2005 grunderneuert wieder in Betrieb genommen. Den alten Stil von Korb- und Sessellift hat man allerdings beibehalten! Also doch etwas Besonderes!

Wie kommt man hin?

Über Torri del Benaco und San Zeno zur Talstation des Korbliftes auf der Prada-Hochebene. Von Affi und Garda Richtung San Zeno und dann nach Prada.

Panoramablick von der Gipfelstation Costabella

Korblift Prada-Montebaldo

Was wird geboten?

Über eine steile Straße mit herrlicher Fernsicht auf den See und an klaren Tagen bis weit in die Po-Ebene geht es zuerst von San Zeno durch saftig grüne Hochalmen hinauf auf die Prada-Hochebene. Diese liegt auf 1000 m Meereshöhe. Dort befindet sich auch die Talstation des Korbliftes *Telecabina Seggiovia Prada–Montebaldo.* Bequem kann man so den Kamm des Monte Baldo, in 1850 m Meereshöhe, und die ersten Gipfel des Monte Baldo erreichen. Der erste Teil der Auffahrt wird im offenen Korb bewältigt, wo gerade einmal zwei Personen Platz finden. Vom Panoramarestaurant *Malga Prada* auf 1550 m geht es dann in Einzelsesseln weiter bis zum Kamm, wo auch der *Rifugio Fiori del Baldo* liegt. Wer nicht den langen Aufstieg zur *Punta Telegrafo* auf 2200 m machen möchte, gelangt über den europäischen Fernwanderweg E5 gemütlich zum nahe gelegenen *Rifugio Giovanni Chierego* auf 1911 m.

TOP, weil …

hier nicht Hochgeschwindigkeit vorherrscht, sondern Nostalgie, die den Wanderer sanft und mit herrlicher Aussicht über eine wunderbare Berglandschaft hinwegschweben lässt.

INFO

Impianti Prada
(Montebaldogarda)
Via Prada 33
S. Zeno di Montagna (VR)
Tel. 0039 045 7285662
www.gardabaldo.eu

Öffnungszeiten
Ende April bis Mitte Juni nur an Sonn- und Feiertagen (Christi Himmelfahrt, Pfingsten, Fronleichnam), Mitte Juni–Mitte Sept. täglich von 9–18 Uhr, Mitte Sept.–Mitte Okt. von 9–17 Uhr nur an Sonn- und Feiertagen

3 GLEITSCHIRMFLIEGEN

GUTSCHEINE

für dieses Gebiet
und Umgebung
siehe Seiten 263–273

MALCESINE – Für die einfachste Art zu fliegen braucht es nur einen 15 kg schweren „Sack". Dazu einen kurzen Abhang mit einer leichten, frontalen Brise und schon entschwebt der Gleitschirm in die Lüfte. Absolute Stille, verschneite Bergspitzen im Winter und sonnenüberflutete Höhen im Sommer, das Sausen des Windes – das sind die Begleiter des Gleitschirmfliegers. Klingt ganz einfach, will aber wie alle Sportarten gelernt sein! Einer der besten Startplätze, wie kann es anders sein, sind die Hänge am Monte Baldo.

Wie kommt man hin?

Malcesine liegt am Ostufer des Gardasees und ist von Torbole aus über die östliche Uferstraße (*Gardesana Orientale*) mit dem Auto erreichbar. Die Zufahrt zur Großkabinenbahn liegt gut ausgeschildert direkt im Ortskern von Malcesine. In unmittelbarer Nähe gibt es Parkplätze sowie eine Tiefgarage. APT-Busse pendeln stündlich zwischen Riva und Verona.

Hochebene am südlichen Monte Baldo

Gleitschirmfliegen

TOP, weil ...

der Flug vom Monte Baldo zum Schönsten und Aufregendsten gehört, was es am Gardasee gibt.

INFO

Paragliding Club Malcesine
Via Gardesana 228
(bei Hotel Ideal)
Malcesine (VR)
Tel. 0039 335 6112902
(Claudio)
Tel. 0039 339 1667143
(Flavio)
www.paraglidingmalcesine.it

Was wird geboten?

Kennen Sie das leichte Vergnügen eines Drachenfluges oder das prickelnde Gefühl eines Gleitschirmfluges? Drachen- und Gleitschirmfliegen gehören am Gardasee und am Monte Baldo seit mehreren Jahren zu den Hauptsportarten. Wer einen gültigen Flugschein hat, kann im *Alto Garda* überall ohne Begleitung starten. Die bekanntesten Flüge sind die vom *Monte Baldo* (1700 m Höhenunterschied), vom *Monte Stivo* (1300 m Höhenunterschied), vom *Monte Misone* (1300 m Höhenunterschied) oder von der Bergkette der *Rocchetta* zum *Val di Ledro* hin. Wer das Gleitschirmfliegen lernen möchte, sollte sich bei der *Scuola di Parapendio Volo Libero Alto Garda* melden. In der Obhut von professionellen Lehrern ist es auf alle Fälle einfacher und vor allem ungefährlicher, den Zauber des Fliegens zu entdecken. Zudem werden auch Tandemflüge angeboten. Dazu muss man nur ein wenig laufen können, um so in Begleitung eines erfahrenen Tandempiloten abzuheben.

4 SEGELREGATTA CENTOMIGLIA

GUTSCHEINE

für dieses Gebiet und Umgebung siehe Seiten 244–263

BOGLIACO – Lange bevor der Gardasee vor allem unter Surfern als „Geheimtipp" gehandelt wurde, nutzten die Segler die ausgezeichneten Winde dieser Gegend.
Internationalen Ruf hat sich die Segelregatta *Centomiglia* erworben. Eine Hundert-Meilen-Regatta, die am zweiten Septembersonntag im Yachthafen von Bogliaco startet und inzwischen zu einer der renommiertesten Binnenseeregatten Europas geworden ist.

Wie kommt man hin?

Bogliaco liegt in der Nähe von Gargnano, an der westlichen Uferstraße (*Gardesana Occidentale*). Sowohl nach Norden als auch nach Süden gibt es zweimal täglich Fährverbindungen und sechs Mal täglich Busverbindungen.

Segelteam bei der Segelregatta

Was wird geboten?

Seit mehr als einem halben Jahrhundert wird der Gardasee in den ersten Septemberwochen zum Treffpunkt der internationalen Segelszene. Der Hundert-Meilen-Klassiker *Centomiglia* bringt jedes Jahr fast 2000 Segler mit bis zu 300 Yachten auf Italiens größten See. Mit 24 gemeldeten Bootsklassen, darunter viele schnelle Schiffstypen wie Streamline, Ufo oder Asso 99, wird die *Centomiglia* bei europäischen Binnenregatten nur noch von der „Bodensee Rundum" übertroffen.

Die Idee der Freien Klasse *Libera*, bei der es nur die Beschränkungen Länge, Breite und aufrichtendes Moment gibt, wurde am Gardasee geboren. Zum ersten Mal in ein Bootsdesign umgesetzt wurde sie bei der *Centomiglia* im Jahr 1980. Aufgrund seiner Bekanntheit lockt der Wettbewerb jedes Jahr Teilnehmer und Zuschauer aus der ganzen Welt in den Hafen von Bogliaco.

TOP, weil ...

die Centomiglia eine der bekanntesten Binnenseeregatten überhaupt ist und der Zuschauer in Bogliaco hautnah am Geschehen ist.

INFO

Segreteria CVG e regate
Tel. 0039 0365 71433
www.centomiglia.it

Segelregatta Centomiglia

5 RILKE-PROMENADE

GUTSCHEINE

für dieses Gebiet
und Umgebung
siehe Seiten 232–243

ARCO – Im Städtchen Arco wurde erst vor kurzer Zeit die Rilke-Promenade eröffnet, eine literarische Wanderung, die den Werken des berühmten Dichters Rainer Maria Rilke gewidmet ist. Verschiedene Spazierwege erkunden die elf Orte, an denen der Dichter während seiner Aufenthalte in Arco gegen Ende des 19. Jahrhunderts gearbeitet hat.

Wie kommt man hin?

Arco ist sowohl von Trient aus über die *Valle dei Laghi* oder vom Nord-Ende des Gardasees aus erreichbar. Die Rilke-Promenade beginnt auf der *Piazzetta San Giuseppe* in Arco.

Was wird geboten?

Die einzelnen Etappen der Rilke-Promenade eignen sich nicht nur für wanderfreudige Touristen, sondern sind ebenso

Die Rilke-Promenade

Botanischer Garten in Arco

TOP, weil ...

man auf der Rilke-Promenade die versteckte Schönheit Arcos finden und durch das Lesen der Gedichte Rilkes die Landschaft mit anderen Augen sehen kann.

INFO

Ingarda Trentino
Viale delle Palme 1
Arco (TN)
Tel. 0039 0464 532255
www.gardatrentinonline.it

interessant für Einheimische und ideale Ausflugsziele für die Familie. Auf versteckten Pfaden, Nebenstraßen und zum Teil vergessenen Wegen verläuft die Promenade, die auf der *Piazzetta San Giuseppe* vor der Bibliothek in Arco beginnt. Man steigt gegen den imposanten Burgfelsen an und durchwandert den Olivenhain in der Nähe der Burg (*Uliveto del Castello*). Von dort aus hat man einen beeindruckenden Blick hinunter auf die Dächer von Arco. Im Abstieg geht es zuerst nach *Santa Maria di Leghel*, dann weiter zum erzherzoglichen Park (*Parco Arciducale*), den Albert von Habsburg in Auftrag gab. Entlang der Moritzruhe und der *Svolta delle Carrozze* erreicht man den Weiler *Chiamano*. Die Wanderung, die ungefähr zwei Stunden in Anspruch nimmt, endet bei den Mühlen in der Nähe von *Varignano* und *Vigne*.

6 INTERNATIONAL LAKE MARATHON

GUTSCHEINE

für dieses Gebiet und Umgebung siehe Seiten 244–263

LIMONE – Jeder, der schon einmal an einem angenehm kühlen Septembermorgen am Ufer des Gardasees entlang gelaufen ist, wird die Einzigartigkeit dieser Naturlandschaft und ihre wohltuende Wirkung für Körper und Seele ganz unmittelbar erlebt haben. Aus diesem Erleben entstand das Projekt des internationalen Gardasee-Marathons, dessen Strecke vorwiegend am Seeufer entlang verläuft.

Wie kommt man hin?

Über die westliche Küstenstraße (*Gardesana Occidentale)* zum Start nach Limone. Der Marathon verläuft von Limone nach Riva über Arco und Torbole und endet in Malcesine.

Marathonstrecke

Marathonläufer kurz vom dem Start in Limone

Was wird geboten?

Der Marathon soll ein internationales Publikum anziehen, dem der Veranstalter ein klassisches, gut organisiertes Sportereignis vorstellen möchte, wobei das einzigartige Ambiente des Gardasees den Rahmen dazu bildet. Um den Erfolg der Veranstaltung zu garantieren, wird die Bevölkerung des betroffenen Gebietes mit in den Marathon eingebunden, indem Mitglieder örtlicher Vereine für die Bewirtung und musikalische Umrahmung sorgen und auch sonst die Organisation in verschiedenen anderen Bereichen unterstützen. Eine der Besonderheiten des Gardasee-Marathons ist, dass der Start in Limone sul Garda, also in der Lombardei, liegt, wogegen die Strecke durch das Gebiet des Trentino (Riva del Garda, Arco und Torbole) verläuft und in Malcesine (Region Veneto) endet. Ein einmaliges Ambiente, reich an Zeugnissen aus Geschichte, Kultur und Tradition – alles in allem ein einzigartiges Ereignis in einer einzigartigen Umgebung.

TOP, weil ...

diese Strecke vielleicht eine der schönsten Marathonstrecken überhaupt ist.

INFO

Lake Garda Marathon
Via Comboni 42
Limone (BS)
Tel. 0039 0365 954781
www.lakegardamarathon.com

7 ROCK MASTER

GUTSCHEINE

für dieses Gebiet
und Umgebung
siehe Seiten 232–243

ARCO – Dieser Wettbewerb im Freiklettern (*Freeclimbing*) wird in der internationalen Rangliste (*World permanent ranking calendar*) als absoluter Höhepunkt geführt. Die hohen Anforderungen an die Teilnehmer haben diesen Wettkampf zum Klassiker des *Freeclimbing* aufsteigen lassen, an dem sich die gesamte Weltelite beteiligt. Der Wettbewerb findet ausschließlich an künstlichen Kletterwänden statt, um gleiche Bedingungen für alle Athleten zu gewährleisten.

Wie kommt man hin?

Über die Autobahn A22 Brenner–Modena zur Ausfahrt Rovereto Sud, weiter Richtung Lago di Garda. In der Ortschaft Nago die Abzweigung nach Arco nehmen. Nach der Brücke über die Sarca gleich rechts abbiegen.

Teilnehmer des „Rock Master"

Was wird geboten?

Der *Rock Master* findet alljährlich in Arco statt und erstreckt sich über zwei Tage, an denen sich die weibliche und männliche Elite der Freikletterer ein Stelldichein gibt. Der Höhepunkt der Veranstaltung ist das Parallel-Geschwindigkeitsklettern, eine Disziplin, die in Arco erfunden wurde. Die Strecke bleibt jedes Jahr gleich, um die Athleten im direkten Vergleich sehen zu können. In Arco, so heißt es unter Kletterern, steht die weltweit höchste künstliche Kletterwand. Die Routen werden von international bekannten Routendesignern zusammengestellt. Außerhalb des Wettkampfgeschehens kommen auch Anfänger auf ihre Kosten, denn es werden eine Reihe von Einsteigerkursen an den verschiedensten künstlichen Kletterwänden oder an den natürlichen Kletterfelsen von Arco abgehalten. Dabei kann man sich von renommierten Klettermeistern den Einstieg in die Senkrechte zeigen lassen.

TOP, weil ...

der Zuschauer nicht nur athletische Meisterleistung präsentiert bekommt, sondern aus nächster Nähe die Kletterer beim Aufstieg beobachten kann.

INFO

Associazione Rock Master
Viale delle Magnolie 10
Casella postale 60
Arco (TN)
www.rockmaster.com

Klettererin im Einsatz

8 FESTIVAL DEL GARDA

GUTSCHEINE

für dieses Gebiet
und Umgebung
siehe Seiten 244–273

Das Festival del Garda, ein den Nachwuchstalenten gewidmeter Gesangswettbewerb, wird seit zwölf Jahren jeden Sommer in verschiedenen Ortschaften rund um den Gardasee abgehalten. Im Laufe der Jahre hat sich diese Musikveranstaltung in ganz Italien einen Namen gemacht. Das Finale des Wettbewerbs wird seit einigen Jahren vom staatlichen Fernsehsender RAI aufgezeichnet und wenige Tage später übertragen.

Wie kommt man hin?

Die Austragungsorte sind Bussolengo, Lazise sul Garda, Sirmione, Peschiera, Montichiari, Torri del Benaco, Torbole, Garda, Malecesine, Limone, Bardolino, Cavaion Veronese, Desenzano und Toscolano Maderno. Die zeitliche Reihenfolge ändert sich jährlich.

Preisverleihung „Italian Bodypainting Festival"

Tanzgruppe des Festivals

TOP, weil ...

das Festival del Garda nicht nur unterhaltsam ist, sondern auch Niveau hat, und man mit etwas Glück einem zukünftigen italienischen Musikstar begegnet.

INFO

Associazione culturale Benacus
Via Murano 16
Bardolino (VR)
Tel. 0039 045 7211000
www.ilfestivaldelgarda.it

Was wird geboten?

Diese Veranstaltungsreihe bietet nicht nur jungen Nachwuchskünstlern eine Chance, sondern wirbt auch für den Gardasee und sein Einzugsgebiet. Inzwischen sind es 14 Ortschaften, die sich an der Austragung des *Festival del Garda* beteiligen. In den Monaten Juni, Juli und August werden die Einzelveranstaltungen bis hin zum Finale in den einzelnen Orten ausgetragen. Für das hohe Niveau des Festivals bürgt der Komponist Vince Tempera, der in Italien durch seine Dirigententätigkeit beim Festival di San Remo bekannt wurde. Im Laufe der Veranstaltung werden nicht nur neue Gesangstalente präsentiert, sondern es findet auch der Schönheitswettbewerb um die *Miss del Garda* statt. Mit dem Festival gekoppelt ist außerdem das *Italian Bodypainting Festival*.

9 DIE BERGRAD-RIESENTOUR

GUTSCHEINE

für dieses Gebiet
und Umgebung
siehe Seiten 232–243

In sechs Tagen mit dem Bergrad um den Gardasee: Dabei gilt es 7700 Höhenmeter und 220 km zu bewältigen. Ein Großteil der Strecke verläuft über alte Militär-Nachschubwege, der Kontrast zwischen alpiner und mediterraner Landschaft ist atemberaubend. Drei Mal wird auf Berghütten übernachtet, einmal wird der See mit der Fähre überquert und als höchster Punkt der Monte Altissimo (2079 m) angefahren.

Wie kommt man hin?

Die Tour startet in Riva. Wer will, kann auf das Auto ganz verzichten und mit der Brenner-Eisenbahn bis nach Rovereto anreisen. Von dort geht es über Mori in 22 km nach Riva.

Mountainbiker bei der Abfahrt

Luftaufnahme der Rocca di Manerba

TOP, weil ...

diese Rundtour unumstritten das ultimative Bergraderlebnis am Gardasee ist.

INFO

1. Tag: 40 km – 2200 Hm Aufstieg – 850 Hm Abfahrt
2. Tag: 40 km – 500 Hm Aufstieg – 1800 Hm Abfahrt
3. Tag: 28 km – 1600 Hm Aufstieg – 500 Hm Abfahrt
4. Tag: 44 km – 1400 Hm Aufstieg – 1850 Hm Abfahrt
5. Tag: 27 km – 1700 Hm Aufstieg – 750 Hm Abfahrt
6. Tag: 26 km – 300 Hm Aufstieg – 1950 Hm Abfahrt

Weitere Informationen
www.mountainbike-magazin.de

Was wird geboten?

Die beste Jahreszeit für diese Tour reicht von Mitte Juni bis Ende Oktober. Die Hütten öffnen in der Regel Ende Juni und schließen Ende September. Am ersten Tag gilt es von Riva auf den Monte Baldo zu „klettern", um den höchsten Punkt der Tour, den Monte Altissimo zu erreichen, bevor auf dem *Rifugio Novezza* (1433 m) übernachtet wird. Am nächsten Tag geht es weiter bis nach Garda. Dort wird mit der Fähre nach Salò übergesetzt. Von Salò gilt es den *Monte Pizzoccolo* (1480 m) zu „bezwingen", wo man die Nacht im *Rifugio Pirlo allo Spino* (1165 m) verbringt. Auf der vierten Etappe geht es vom *Rifugio* zum *Monte Stino* (1467 m), der einen tollen Blick vom Idro-See bis nach Bondone bietet. Der nächste Tag bringt den Bergradfahrer nach Tremalzo, wo er seine wohlverdiente Rast im *Rifugio Garda al Tremalzo* auf 1708 m findet. Der letzte Tag beschert nur mehr einen kurzen Anstieg und endet nach einer extrem langen Abfahrt am Ausgangspunkt in Riva.

10 WANDERUNG UM DEN SEE

GUTSCHEINE

für dieses Gebiet und Umgebung siehe Seiten 232–273

NAGO – Die *Bassa Via del Garda* (BVG) bildet die Grundlage für eine 17-tägige Rundwanderung um den See. Der Fernwanderweg, der von Salò nach Riva und von Torbole bis Torri del Benaco führt, ist zumeist recht gut markiert und lässt sich mit gutem Kartenmaterial und etwas Spürsinn zu einer kompletten Rundwanderung verbinden. Der Weg um den See ist attraktiv; wunderbare Ausblicke aufs Wasser sowie eine endlose Zahl an historischen, geologischen und botanischen Kleinodien lassen nirgendwo Langeweile aufkommen.

Wie kommt man hin?

Anfahrt mit der Bahn bis Rovereto, Verona oder Desenzano, dann mit dem Bus an den Gardasee. Die Fernwanderung beginnt am *Passo San Giovanni* bzw. *in Nago*. Die Bushaltestelle befindet sich beim Hotel am Pass. Um die einzelnen Orte des Sees zu erreichen, kann man entweder die Fähre oder den Linienbus benutzen.

Panoramablick auf die einzigartige Landschaft rund um den Gardasee

Was wird geboten?

Die Wanderung beginnt am *Passo San Giovanni* und führt über Nago nach Torbole. Am zweiten Tag geht es von Torbole nach Malcesine – ein anstrengendes Tagespensum. Tag drei bringt den Wanderer von Malcesine durch Olivenhaine vorbei an einsamen Gehöften nach Castelletto. Am vierten Tag endet die Tour in Torri del Benaco. Bardolino ist das Tagesziel des fünften Tages: endlich ist die Rebenlandschaft erreicht. Und weiter geht es nach Peschiera. Tag sieben endet in Sirmione, während sich für die nächste Etappe wegen der allzu vielen Straßen eventuell der Linienbus anbietet. Halt gemacht wird in Lonato. Jetzt ist der Wanderer schon neun Tag am See unterwegs. Übernachtet wird diesmal in Moniga. Über die Rocca di Manerba erreicht man Raffa und am darauffolgenden Tag Salò. Der zwölfte Tag bringt den Wanderer nach Maderno, am Tag dreizehn geht es durch das *Valle delle Cantiere*, um am Ende des Tages schließlich in Gargnano zu sein. Tag vierzehn endet in Campione del Garda. Von dort führt der Weg weiter nach Limone. Der vorletzte Tag findet in Biacesa di Ledro seinen Abschluss. Bleibt noch die Wanderung nach Torbole, wo sich der Kreis schließt.

TOP, weil ...

sich der Wanderer meist durch eine sehr ruhige, urtümliche und unbekannte Seeumgebung bewegt.

INFO

www.netzwerk-weitwandern.de/Wanderberichte_I.htm

Wandern am Gardasee

GUTSCHEINE

DEN ABSCHLUSS DIESES REISEFÜHRERS BILDEN DIE GUTSCHEINE.

Nachstehend finden Sie 65 Gutscheine, mit denen Ihnen Preisnachlässe gewährt werden bei verschiedenen Sport-, Freizeit- und kulinarischen Angeboten am Gardasee: sie reichen von Hotels, Restaurants, Agriturismus über Shopping-Angebote bis hin zu Bootsverleihen. Mit Sicherheit sind die Gutscheine ein zusätzlicher Anreiz, um sich auf die Spur der vielen Geheimtipps zu machen, die in diesem Reiseführer enthalten sind und Gegenden aufzusuchen, die „normale" Reisende überhaupt nicht kennen.

Wir wünschen Ihnen viel Spaß, Erholung und Guten Appetit beim Einlösen der Gutscheine!

Möbelhaus Tecnorama – Cisano di Bardolino

Gutscheine

OUTLET BRENNERO – BRENNER

10,00 €

GUTSCHEIN*

Beim Besuch des Designer Outlets Brennero erhalten Sie beim DOB-Infopoint einen DOB-Gutschein im Wert von **€ 10,–**

* DOB-Gutschein gültig in allen DOB-Shops. Bar- und Gastronomiebetriebe ausgeschlossen. Gutschein nicht in bar ablösbar.

www.dob-brennero.com
✆ 0039.0472.636700
St.-Valentin-Straße 9/A
I-39041 Brenner
office@dob-brennero.com

EINGELÖST AM

STEMPEL ODER UNTERSCHRIFT DES ANBIETERS

Gutscheine

MUSEO CASTELLO DEL BUONCONSIGLIO – TRENTO

1,00 €

Das im 13. Jahrhundert erbaute Schloss besteht aus Gebäudeabschnitten, die in verschiedenen Epochen gebaut wurden. Durch eine wunderschöne Gartenanlage, die im italienischen Stil angelegt und von einer imposanten Ringmauer mit Türmen umgeben ist, gelangen Sie zu den reich dekorierten Sälen, die unsere Sammlungen beherbergen. Immer neue und interessante Ausstellungen werden in dieser einmaligen Kulisse veranstaltet.
Im Jahr 2008, von Juli bis November: „Rembrandt und die Meisterwerke der europäischen Grafik" und gleichzeitig „Renaissance und Leidenschaft für die Antike. Andrea Riccio und seine Zeit."

Öffnungszeiten:
Di–So: von 9.30–17 Uhr
1. Juni – 4. November: von 10–18 Uhr.
Geschlossen an Montagen (ausgenommen Feiertage), am 1. Jänner und am 25. Dezember.

Gutschein im Wert von 1,00 €
pro Person auf den Eintrittspreis

Via Bernardo Clesio 5, I-38100 Trento (TN)
Tel. 0039 0461 233770, Fax 0039 0461 239497
www.buonconsiglio.it

EINGELÖST AM

STEMPEL ODER UNTERSCHRIFT DES ANBIETERS

Gutscheine

OSTERIA A „LE DUE SPADE" – TRENTO

10,00 €

Schon zur Zeit des Konzils von Trient 1545 trafen sich in der Herberge „Zu den zwei Schwertern" Gäste aller Art – Pilger, Konzilväter und einfache Reisende. Heute führt Sommelier Massimo Peterlana das mit einem Michelin-Stern ausgezeichnete traditionsreiche Trientner Restaurant. Chefkoch Federico Parolari bietet auf die Saison abgestimmte raffinierte lokale Spezialitäten an.

Gutschein im Wert von 10,00 €
für 2 typische Degustationsmenüs

Via Don A. Rizzi 11, I-38100 Trento (TN)
Tel. 0039 0461 234343, Fax 0039 0461 220201
www.leduespade.com, info@leduespade.com

EINGELÖST AM

STEMPEL ODER UNTERSCHRIFT DES ANBIETERS

AGRITUR PONTE ALTO – TRENTO

45,00 €

Der neu erbaute Agritur Ponte Alto liegt in einem grünen Weinberg auf einem Hügel östlich von Trient, nur wenige Minuten von der Altstadt entfernt. Nahe an den Dolomiten, am Monte Bondone, umgeben von Radwegen und Klettergärten. Das ganze Jahr über geöffnet. 12 komfortable Zimmer mit Bad, Satelliten-TV, Internetanschluss und großer Frühstückssaal. Mittag- und Abendessen nur auf Vormerkung.

Gutschein im Wert von 45,00 €
bei einem Mindestaufenthalt von 7 Tagen

Via alla Cascata Povo, I-38100 Trento (TN)
Tel. + Fax 0039 0461 810753
www.agriturpontealto.it, info@agriturpontealto.it

EINGELÖST AM

STEMPEL ODER UNTERSCHRIFT DES ANBIETERS

Gutscheine

MASO CANTANGHEL – CIVEZZANO

5,00 €

Maso Cantanghel ist eine kleine renommierte Kellerei in der Region Trentino. Die mittlere Höhenlage, der fruchtbare Boden und die Hanglage tragen zusammen mit gut durchdachter Winzerei zur hohen Qualität der Weine bei. Zu empfehlen: Blauburgunder (Pinot Nero) und Sotsas (weißer Cuvée).
Die Kellerei befindet sich in einer faszinierenden österreichisch-ungarischen Festung von 1876.

Gutschein im Wert von 5,00 €
bei einem Mindesteinkauf von 35,00 €

Via Madonnina 33, I-38045 Civezzano (TN)
Tel. + Fax 0039 0461 858742
www.masocantanghel.eu, info@masocantanghel.eu

EINGELÖST AM

STEMPEL ODER UNTERSCHRIFT DES ANBIETERS

AERHOTEL-RESTAURANT BARONE ROSSO – TRENTO

10,00 €

Das Aerhotel liegt direkt am Museo Caproni zwischen Trento und Rovereto. Jedes der 20 Zimmer hat einen Blumennamen und ist mit allem Komfort ausgestattet. Im renommierten Restaurant werden ausschließlich natürliche Produkte verwendet und je nach Saison zu immer neuen Speisen verarbeitet. Das Restaurant gehört zu den Osterie Trentine, eine Garantie für Qualität und Tradition.

Gutschein im Wert von 10,00 € für eine Flasche Wein bei einer Mindestrechnung von 50,00 €

Via Lidorno 3, I-38100 Trento (TN)
Tel. 0039 0461 944999, Fax 0039 0461 944880
www.aerhotel.it, aerhotel@aerhotel.it

EINGELÖST AM

STEMPEL ODER UNTERSCHRIFT DES ANBIETERS

Gutscheine

MUSEO CIVICO DI ROVERETO – ROVERETO

1,10 €

Das Museum zeigt altgriechische Sammelstücke des bekannten Archeologen Paolo Orsi, vorgeschichtliche Kunst-Sammlungen, Sammelstücke aus der Römerzeit und dem Mittelalter, Münz-Sammlungen, sowie Ausstellungen der Zoologie.

Aktuelle Ausstellung: „Dal Dato al Pensato“

Öffnungszeiten:

Di bis So: von 9–12 Uhr und von 15–18 Uhr

In den Sommermonaten auch Sonntagabend geöffnet: von 20–22 Uhr. Geschlossen: 1. Januar, 5. August, 1. November, 25. Dezember

Gutschein im Wert von 1,10 € pro Person auf den Eintrittspreis (statt 3,60 € nur 2,50 €)

MUSEO CIVICO DI ROVERETO

Borgo S. Caterina 41, I-38068 Rovereto (TN)

Tel. 0039 0464 439055, Fax 0039 0464 439487

www.museocivico.rovereto.tn.it

museo@museocivico.rovereto.tn.it

EINGELÖST AM

STEMPEL ODER UNTERSCHRIFT DES ANBIETERS

RESIDENCE CONCAVERDE – POMAROLO

20,00 €

Sie werden in einer einzigartigen Atmosphäre in unserem antiken, völlig neu renovierten Gutshof mit familiärer Gastlichkeit empfangen. Die Residence Concaverde liegt im Lagarina-Tal unweit vom Gardasee inmitten von Wein- und Obstgärten, Burgen und historischen Stätten. In dieser ruhigen Lage können Sie Ihren Urlaub wirklich genießen.

Gutschein im Wert von 20,00 €
bei einer Mindestrechnung von 150,00 €

Via Pasini 64, I-38060 Pomarolo (TN)

Tel. 0039 0464 410218, Fax 0039 0464 461452

www.residence-concaverde.it

info@residence-concaverde.it

EINGELÖST AM

STEMPEL ODER UNTERSCHRIFT DES ANBIETERS

Gutscheine

HOTEL FLORA – ROVERETO

20,00 €

Das Hotel Flora Beautyfarm wartet mit 44 modernst eingerichteten Zimmern auf. Die oberste Etage beherbergt unser Wellness-Zentrum Floraquea mit Dampfbad, Kneipp-Becken, Ninfea-Dusche. Das Wohlfühlangebot wird mit Kosmetikbehandlungen und Massagen durch qualifiziertes Personal abgerundet.

Gutschein im Wert von 20,00 €
bei einem Mindestaufenthalt von 2 Tagen (Angebot nicht gültig zu Ostern oder bei Messen und Tagungen).

Via Abetone 94, I-38068 Rovereto (TN)
Tel. 0039 0464 438333, Fax 0039 0464 420388
www.rovereto-hotelflora.it
info@rovererto-hotelflora.it

EINGELÖST AM

STEMPEL ODER UNTERSCHRIFT DES ANBIETERS

RESTAURANT FLORA – ROVERETO

6,00 €

Das Restaurant Flora bietet neben einer typischen Trentiner Küche mit bodenständigen und saisongerechten Produkten auch neu überarbeitete traditionelle Rezepte sowie Vegan-Gerichte und vegetarische Kost an. Auserlesene Desserts, Käsesorten und Qualitätsweine vervollständigen diese Reise durch Geschmacks-, Duft- und Farberlebnisse. Öffnungszeiten: 12 bis 14.30 Uhr und 19 bis 22.30 Uhr. Sonntag Ruhetag.

Gutschein im Wert von 6,00 €
bei einer Mindestrechnung von 58,00 €

Via Abetone 94, I-38068 Rovereto (TN)
Tel. 0039 0464 438333, Fax 0039 0464 420388
www.rovereto-hotelflora.it
info@rovererto-hotelflora.it

EINGELÖST AM

STEMPEL ODER UNTERSCHRIFT DES ANBIETERS

Gutscheine

CASA DEL VINO – ISERA

5,00 €

Das „Weinhaus" wurde 1996 von einer Weinbaugenossenschaft zur Förderung und Entwicklung des Lagarino-Gebietes gegründet. Es bietet eine umfassende Auslese von einheimischen Weinen, Brot und Pasta aus eigener Herstellung, lokalen Käse- und Wurstwaren sowie Tagesmenüs mit bodenständigen Spezialitäten.

Gutschein im Wert von 5,00 € bei einer Mindestrechnung von 50,00 € im Restaurant (nicht anwendbar im Weinfachgeschäft)

Piazza S.Vincenzo 1, I-38060 Isera (TN)
Tel. 0039 0464 486057, Fax 0039 0464 400371
www.casadelvino.info, info.casadelvino@tiscali.it

EINGELÖST AM

STEMPEL ODER UNTERSCHRIFT DES ANBIETERS

RIFUGIO ALTISSIMO D. CHIESA – MONTE ALTISSIMO DI NAGO

5,00 €

Von der Berghütte, die auf 2060 Meter liegt, können Sie das einmalige Panorama des gesamten Gardasees, der Po-Ebene, der Alpen und der Dolomiten bewundern. Die 46 Betten und die gepflegte Küche mit typischen Gerichten aus dem Trentino bieten Ihnen die Möglichkeit, den Altissimo in Ruhe kennen zu lernen.

Gutschein im Wert von 5,00 €
bei einer Mindestrechnung von 30,00 €

Monte Altissimo di Nago (TN)
Tel. 0039 0464 867130
Handy 0039 335 6395415
www.rifugioaltissimo.it, dannyzampiccoli@virgilio.it

EINGELÖST AM

STEMPEL ODER UNTERSCHRIFT DES ANBIETERS

Gutscheine

RESTAURANT „ANTICA GARDUMO" – RONZO CHIENIS

14,00 €

Ein einzigartiges, neu renoviertes Lokal wahrt im Herzen des Val di Gresta die Erinnerungen an einstige Zeiten und deren Schönheiten. Tradition, Zeitgenössisches und Kunst verschmelzen in bodenständigen Produkten zu einer kreativen Küche. Das Ristorante Antica Gardumo bewirtet Sie gastfreundlich mit Neuem und Traditionsträchtigem. Geschlossene Gesellschaften finden in zwei Sälen ein intimes Ambiente. Auch ideal für Firmenessen und kleine Gruppen. In der angrenzenden einstigen Scheune bietet die Gastgeberfamilie den Bed&Breakfast-Service an.
Der Keller mit dem für seinerzeit typischen Tonnengewölbe reizt jedermanns Gaumen mit Qualitätsweinen. Die hauseigene Wurstwarenherstellung gehört bald zur Servicebandbreite. Ein großer Parkplatz und Garten runden das Angebot ab.
Ruhetag: Sonntag Abend und Montag.

Gutschein im Wert von 14,00 €
für eine Flasche einheimischen Rot- oder Weißwein bei einer Mindestrechnung von 50,00 €

Via ai Piani n. 1, I-38030 Ronzo Chienis (TN)
Tel. 0464 802855, Fax 0464 803207
www.anticagardumo.it, info@anticagardumo.it

EINGELÖST AM

STEMPEL ODER UNTERSCHRIFT DES ANBIETERS

Gutscheine

CANTINA TOBLINO – SARCHE

5,00 €

Mit seinen Palmen, Olivenhainen, Steineichen und dem milden und trockenen Windzug des Ora del Garda scheint das Valle dei Laghi vielmehr eine mediterrane Küstenlandschaft als ein Alpental. Hier aber wächst und gedeiht die Nosiola, die einzige autochtone weiße Traubenart des Trentino.

Die Weingärten rund um den Toblinosee decken nur knapp 10 Hektar Grund ab. Aus den „spargoli", von Hand ausgesuchten Trauben mit wenigen Weinbeeren, die nach der weltweit längsten Trocknungszeit für einen Wein auf „aréle" genannten Geflechten ausgebreitet werden, wird in der Osterwoche (ital. Settimana Santa – daher rührt der Name des Weines) ein besonderer Saft gewonnen, der im Laufe der Zeit zu Vino Santo heranreift. Der Vino Santo verschwand für einige Zeit von der Bildfläche, bis die Kellerei Cantina Toblino, gegründet 1964, die Produktion wieder aufnahm.

Die Cantina Toblino produziert zudem eine große Auswahl von Trentiner-Weinen, die von der Kellerei für die 600 Mitglieder der Genossenschaft gekeltert und abgefüllt werden. Im neuen Gebäude der Cantina Toblino finden Sie eine gemütliche Gastwirtschaft,in der Sie Weine und exklusive Produkte des Trentino verkosten, genießen und erwerben können.

Vino Santo, ein wahrhaft wertvoller Tropfen.

Gutschein im Wert von 5,00 €
bei einem Mindesteinkauf von 15,00 €
(ausschließlich Weine der Cantina Toblino)

Via Longa 1, I-38070 Sarche (TN)
Tel. 0039 0461 564168, Fax 0039 0461 561026
www.toblino.it, info@toblino.it

EINGELÖST AM

STEMPEL ODER UNTERSCHRIFT DES ANBIETERS

Gutscheine

RESTAURANT UND WEINHANDLUNG ACHILEJA – ARCO

10,00 €

In unserem Restaurant am Klettergarten von Prabi bieten wir Frühstück, Pizza und auf dem Holzgrill vorbereitet Fleischspezialitäten an. Öffnungszeiten: 7.30 Uhr bis 24 Uhr. Loc. Prabi 14, I-38062 Arco Tel. + Fax 0039 0464 510263, achileja@cr-surfing.net

Gutschein im Wert von 10,00 €
bei einer Mindestrechnung von 65,00 €

Unsere Weinhandlung in Arco ist auf italienische Weine und Destillate spezialisiert. Öffnungszeiten: 10 Uhr bis 12.30 Uhr / 16 Uhr bis 20 Uhr (Montag geschlossen).
Via Vergolano 43, I-38062 Arco (TN)
Tel. + Fax 0039 0464 514346

EINGELÖST AM

STEMPEL ODER UNTERSCHRIFT DES ANBIETERS

HOTEL GARNI AL FRANTOIO – ARCO

75,00 €

Das modern renovierte historische Gebäude, bestehend aus 3 Stockwerken, liegt inmitten eines großen Ansitzes mit Parkplätzen und weitläufigem Garten. Die Hauptfassade mit schönem Blick zur „Rocca di Arco“ besteht aus einer Halle mit Bar. Die Zimmer sind mit allem Komfort neu ausgestattet, lichtdurchflutet und mit Blick auf den internen Garten im Stile „Zen“. Besuchen Sie nach einem Tagesausflug unsere Wellness- und Relaxlandschaft.

Gutschein im Wert von 75,00 €
bei einem Aufenthalt von 7 Tagen
für 2 Personen im Doppelzimmer

Via delle Grazie 22
I-38062 Arco loc. Varignano (TN)
Tel. 0039 0464 518317, Fax 0039 0464 515175
www.garnialfrantoio.it, info@garnialfrantoio.it

EINGELÖST AM

STEMPEL ODER UNTERSCHRIFT DES ANBIETERS

Gutscheine

GARTENMARKT GALASERVICE – ARCO/RIVA DEL GARDA

6,00 €

Bei uns finden Sie alles was Ihren Garten und Ihr Haus verschönern und einmalig wirken lässt: Statuen, Amphoren, Brunnen aus Stein, Säulen, Kapitelle, Keramik „Saca-Castelli" und „Pienza" Handwerk aus Mexiko, Geschenkartikel, Kunst-Terrakotta aus der Toskana. In den Geschäften im Zentrum von Arco und von Riva finden Sie auch Kristallvasen und kleinere ausgefallene Kompositionen aus Keramik und anderen Materialien wie Wachskerzen.

Gutschein im Wert von 6,00 €
bei einem Mindesteinkauf von 40,00 €
bei höheren Beträgen immer 15%

Galaservice
Viale Santoni 78, I-38062 Arco (TN)
Tel. 0039 0464 517396-516457
www.galaservice.biz

Gift House
Via Dosso 2, I-38062 Arco (TN)
Tel. 0039 0464 514279
www.galaservice.biz

Gift House 2
Viale Rovereto 11, I-38066 Riva del Garda (TN)
Tel. 0039 0464 557985
www.galaservice.biz

EINGELÖST AM

STEMPEL ODER UNTERSCHRIFT DES ANBIETERS

Gutscheine

VIVERE SUITES AND ROOMS – ARCO

200,00 €

Vivere präsentiert sich wie eine Neuinterpretation des Landlebens, mit modernsten Strukturen unserer Zeit. Vier Suites mit Kochnische und zwei Junior Suites, alle mit eigenen Eingang und Garten, verfügen über den modernsten Komfort. Den Gästen steht eine romantische Veranda zur Verfügung, mit Blick auf den Pool, wo sie das Frühstück genießen.

Gutschein im Wert von 200,00 € für eine Buchung von einer Woche für 2 Personen in Suites (Nebensaison)

Via E. Gobbi, I-38062 Arco, (TN)
Tel. 0039 0464 514786, Fax 0039 0464 510798
www.agrivivere.com, vivere@agrivivere.com

EINGELÖST AM

STEMPEL ODER UNTERSCHRIFT DES ANBIETERS

MADONNA DELLE VITTORIE – ARCO

5,00 €

„Ich liebe Wein und will ihn authentisch", fordert Veronelli. Dieselbe Überzeugung und Leidenschaft haben den Gründer und die Nachfolger dieses Unternehmens seit Ende der Fünfzigerjahre geleitet.

Aus dem idealen Zusammenspiel zwischen dem mediterranen Klima und der professionellen Arbeit im Weinberg entstehen frische Charakterweine wie Teroldego, Gewürztraminer, Mandelli Brut sowie das Native Olivenöl Extra Garda.

Gutschein im Wert von 5,00 €
bei einer Mindestrechnung von 50,00 €
(bei höheren Beträgen immer 10%)

Via Linfano 81, I-38062 Arco (TN)
Tel. 0039 0464 505432, Fax 0039 0464 505542
www.madonnadellevittorie.it
info@madonnadellevittorie.it

EINGELÖST AM

STEMPEL ODER UNTERSCHRIFT DES ANBIETERS

Gutscheine

STREUHOTEL TERRA TRA I DUE LAGHI – TIGNALE

30,00 €

Mitten im Naturpark Alto Garda Bresciano, zwischen dem Gardasee und dem Idrosee liegt ein Stück unberührte Bergwelt, das größte Waldgebiet der Lombardei, durchzogen von Wegen, Bergstraßen und Pfaden, die zum Erforschen zu Fuß, auf dem Fahrrad, hoch zu Ross oder auf Skiern einladen.
Hier hat Ambientech das Streuhotel Terra tra i due Laghi geschaffen, ein Netzwerk an Unterkünften für Gäste, die aus ihrem Urlaub ein besonderes Erlebnis machen wollen.
Ambientech bietet verschiedene Möglichkeiten der Unterbringung: Apartments, Schutzhütten und die typischen Scheunen mit Strohdach, Zeugnisse einer einzigartigen Bauweise, die um 600 n. Chr. die aus Ungarn kommenden Langobarden mit sich brachten.
Heizkosten sind in den Preisen nicht enthalten. Sie werden nach dem tatsächlichen Verbrauch verrechnet.
Ganzjährig geöffnet.

Gutschein im Wert von 30,00 €
pro Person für 1 Woche Halbpension

Via XXIV Maggio 10, I-25080 Tignale (BS)
Tel. 0039 0365 761033, Fax 0039 0365 761656
www.albergodiffuso-bs.it, info@ambientech.it

EINGELÖST AM

STEMPEL ODER UNTERSCHRIFT DES ANBIETERS

Gutscheine

LIBERAVVENTURA

10,00 €

Ein gutes Bergabenteuer sollte beim Urlaub am Gardasee nicht fehlen. Liberavventura – atemberaubende Aussichten, Unterhaltung, Adrenalinschübe. Unser Programm: Ausflüge, Canyoning, Klettern und Kanufahrten mit ausgebildeten Bergführern.
Kontaktperson: Guido Tel. 0039 335 8239808.
Sprachen: Italienisch, Englisch.
10% Rabatt für ganztägige Ausflüge.

Gutschein im Wert von 10,00 €
bei einem Mindestbetrag von 100,00 €

Handy 0039 335 8239808
www.liberavventura.it, guido@liberavventura.it

EINGELÖST AM

STEMPEL ODER UNTERSCHRIFT DES ANBIETERS

HOTEL MEANDRO – GARGNANO

70,00 €

2006 renoviert. Das Hotel liegt in schöner Panoramalage 200 m vom See und 500 m vom Altstadtzentrum entfernt. Privatparkplatz, Hallenbad, Sauna, Solarium, Unterwassermassage, Aufzug, Garten und Panoramaterrasse stehen zur Verfügung. Die Zimmer sind alle mit Blick auf den See. Sat-TV, Telefon, Minibar, Safe, Fön, Frühstücksbuffet sowie die gepflegte Küche runden das familiäre Angebot ab. Sportangebote: Golf, Segeln, Windsurfen, Tennis, Mountainbiken, Reiten und Wandern im „Parco Alto Garda“.

Gutschein im Wert von 70,00 € für 2 Personen
bei einem Aufenthalt von mindestens 7 Tagen
(Hochsaison ausgeschlossen)

Via Repubblica 40, I-25084 Gargnano (BS)
Tel. 0039 0365 71128, Fax 0039 0365 72012
www.hotelmeandro.it, info@hotelmeandro.it

EINGELÖST AM

STEMPEL ODER UNTERSCHRIFT DES ANBIETERS

Gutscheine

LOCANDA ALPINA – MONTEMADERNO

60,00 €

Wir haben ganzjährig geöffnet und sind ein idealer Ausgangspunkt für viele Wanderungen (Monte Spino-Wanderweg) und Ausflüge in der Riviera dei Limoni. Ganzjährig geöffnet.

Gutschein im Wert von 60,00 €
bei einem Aufenthalt von mind 3 Tagen
im Doppelzimmer

Zu einem schönen Urlaub am Gardasee gehört auch ein kulinarisches Erlebnis. Bodenständige Genüsse und Delikatessen aus dem Meer. Besuchen Sie die „Locanda Alpina" mit preisgünstigen Zimmern und herrlichem Blick auf den See.

Via Sanico 53, I-25088 Montemaderno (BS)
Tel. + Fax 0039 0365 548340
Handy 0039 320 4045120
www.locandaalpina.it

EINGELÖST AM

STEMPEL ODER UNTERSCHRIFT DES ANBIETERS

GARDA YACHTING CHARTER – TOSCOLANO MADERNO

30,00-70,00 €

Garda Yachting Charter bietet: Segelbootsverleih für Tages- oder Wochenkreuzfahrten mit oder ohne Skipper. Motorbootverleih für Tagesausflüge oder mehrtägige Kreuzfahrten. Vertrieb von Booten der Marke Bénéteau für die Region Gardasee.

Gutscheine:
***MOTORBOOTE:** 10% RABATT für mind. 2 Tage (1.4.– 15.6. und 15.–30.9.) ab 300,00 €*
***SEGELBOOTE:** 10% RABATT für Wochenkreuzfahrten ab 700,00 €*

Hafen: Lungolago Zanardelli 33
I-25088 Toscolano Maderno (BS)
Tel. 0039 0365 548347, 0039 329 4245000
www.gyc.it, info@gyc.it

EINGELÖST AM

STEMPEL ODER UNTERSCHRIFT DES ANBIETERS

Gutscheine

RESTAURANT LA CASCINA DEL GARDA – TOSCOLANO MADERNO

10,00 €

Restaurant mit atemberaubendem Panorama in der ehemaligen Poststation im Parco dell'Alto Garda, eingebettet in die Olivenhaine des Valle delle Cartiere. Feine, bodenständige Küche mit saisonspezifischen Kreationen, Risotto-Spezialitäten, vorzüglichen Käse- und Wurstwaren, auf Grillstein gebackenen Fleisch- und Fischgerichten sowie unzähligen hausgemachten Süßspeisen.

Gutschein im Wert von 10,00 € (eine Flasche Hauswein) bei einer Mindestrechnung von 50 €

Via Sant'Ambrogio 24
I-25088 Toscolano Maderno (BS)
Tel. + Fax 0039 0365 548022
www.lacascinadelgarda.com
Federico@lacascinadelgarda.com

EINGELÖST AM

STEMPEL ODER UNTERSCHRIFT DES ANBIETERS

SPIAGGIA RIMBALZELLO – SALÒ

2,00 €

Das Sportzentrum befindet sich im Rimbalzello-Park unter den bekannten jahrhundertealten Libanon-Zedern. Für unsere Gäste steht ein Privatstrand mit Liegestühlen und Sonnenschirmen sowie ein Swimmingpool mit Unterwassermassage zur Verfügung. Das Sportangebot reicht von Tennis, Beach Volley, Fußballfeld, Diving Schule, Bootsverleih ohne Führerschein bis hin zu Tretbooten und Kajaks. Eine Bar, ein Baby-Park und ein Beauty-Center runden das Angebot ab. Seit 2008 gibt es einen Kletterpark mit Bachbegehung.

Gutschein im Wert von 2,00 € pro Person auf den Eintrittspreis

Via Trento 28, I-25087 Salò (BS)
Tel. 0039 0365 21020, Handy 0039 334 8192355
www.hotelristorantelepanto.it
info@hotelristorantelepanto.it

EINGELÖST AM

STEMPEL ODER UNTERSCHRIFT DES ANBIETERS

Gutscheine

CASCINA LA PALAZZINA – BORGO ALBA CHIARA – VILLA S. CATERINA

70,00-97,00 €

Die von uns betreuten Anlagen, Residence Borgo Alba Chiara, Villa S. Caterina und Cascina La Palazzina wurden Anfang des Jahres 2000 sehr liebe- und geschmackvoll renoviert, wobei sehr viel Wert darauf gelegt wurde den ursprünglichen Charakter der Anwesen zu erhalten.

Alle Anlagen verfügen über modernsten Komfort, Schwimmbad, Kinderplanschbecken und geschlossene Parkplätze. Die Appartements sind von unterschiedlicher Art und Größe und wurden sehr geschmackvoll eingerichtet, wobei der Reiz antiker Möbel oder die Einrichtung im Arte-Povera-Stil gekonnt mit den Annehmlichkeiten der Moderne verknüpft wurden. Die Wohnungen verfügen über individuell regulierbare Heizung/Klimaanlage, Mikrowellenherd, Safe, Sat-TV, Haartrockner sowie Telefon mit Modemanschluss.

Gutschein im Wert von 70,00–97,00 € bei einem Mindestaufenthalt von 1 Woche in einem Appartement Ihrer Wahl (Hauptsaison ausgeschlossen)

CASCINA „LA PALAZZINA"
Via Zette 11, I-25087 Salò (BS)
www.cascinalapalazzina.com
BORGO „ALBA CHIARA"
Via Piè Costa 32, I-25088 Toscolano Maderno (BS)
www.borgoalbachiara.com
VILLA „S. CATERINA"
Via S. Martino, I-25080 Manerba del Garda (BS)
www.villascaterina.com
Tel. 0039 0365 522465, Fax 0039 0365 438005

EINGELÖST AM

STEMPEL ODER UNTERSCHRIFT DES ANBIETERS

Gutscheine

RESTAURANT PIZZERIA NABLUS – GARDONE RIVIERA

18,00 €

Verbringen Sie bei uns einen unvergesslichen Abend auf der Terrasse mit atemberaubendem Blick auf den See, beim Genuss einer köstlichen Pizza oder einer der vielen Gardasee-Spezialitäten. Von Gardone Riviera fahren Sie am besten über die Panoramastraße, die beim Vittoriale vorbeiführt.

Gutschein im Wert von 18,00 €
(eine 75 cl. Flasche Olio Extravergine del Garda „Ridon" aus eigener Herstellung) bei einer Mindestrechnung von 50,00 €

Via Supiane 1, I-25083 Gardone Riviera (BS)
Tel. + Fax 0039 0365 548975
zeninablus@gmail.com

EINGELÖST AM

STEMPEL ODER UNTERSCHRIFT DES ANBIETERS

ISOLA DEL GARDA – BARBARANO

10,00 €

Nutzen Sie die Möglichkeit unsere wunderschöne Insel, die Parkanlage mit dem Garten im klassischen italienischen Stil und die Besichtigung der Villa durch eine einmalige Führung zu erleben.

Gutschein im Wert von 10,00 €
(ein Bildband der Isola del Garda)

Via Mazzini 22, I-25010 San Felice del Benaco (BS)
Tel. 0039 0365 62200
www.isoladelgarda.com, info@isoladelgarda.com

EINGELÖST AM

STEMPEL ODER UNTERSCHRIFT DES ANBIETERS

Gutscheine

FORNELLA CAMPING – SAN FELICE DEL BENACO

50,00 €

Unser Campingplatz ist eine ruhige Oase auf über 90.000 m² zwischen dem Gardasee und einem großen Olivenhain. Die Altstadt von San Felice del Benaco auf der Halbinsel San Fermo ist nur 2 km entfernt. Die Lage, die Qualität der Anlage und der Service sowie das reichhaltige Angebot an Sport- und Unterhaltungsmöglichkeiten machen den Fornella Camping zum idealen Urlaubsziel. Die familiäre Leitung durch die Brüder Cavazza und die ständige Anpassung der Strukturen und Angebote garantieren Gastfreundlichkeit, Komfort und Kundenzufriedenheit. Die Brüder leben seit ihrer Geburt hier und pflegen den Sitz der Familie, die einzige bewohnte Insel auf dem See, organisieren Ausflüge und Events und betätigen sich in der Schifffahrt und im Olivenanbau. Besuchen Sie uns und lernen Sie den See, das umliegende Land und den unvergleichlichen Duft unseres Olivenöls kennen!
Das Angebot gilt die ganze Saison für Zeltplätze und Unterkünfte. Reservierungspflichtig.

Gutschein im Wert von 50,00 €
bei einem Aufenthalt von mind. 5 Tagen
für 4 Personen

Via Fornella 1, I-25010 San Felice del Benaco (BS)
Tel. 0039 0365 62294, Fax 0039 0365 557449
www.fornella.it, fornella@fornella.it

EINGELÖST AM

STEMPEL ODER UNTERSCHRIFT DES ANBIETERS

Gutscheine

AZIENDA AGRICOLA LA BASIA – PUEGNAGO DEL GARDA

40,00 €

Der Agriturbetrieb La Basia liegt in der sanft geschwungenen Moränenhügellandschaft des Gardasees. Seine Agrarerzeugnisse – DOC-Weine, Olivenöl Garda, Grappa und Honig – stammen aus umweltverträglichen Anbautechniken. Er bietet Unterkunft in Appartements, Reitsportmöglichkeiten für Erwachsene und Kinder (Reitstunden und Ausritte) sowie Mountainbikes zum Verleih.

Gutschein im Wert von 40,00 €
(für Wein oder andere Produkte, Radverleih oder Reitstunden) bei einem Mindestaufenthalt von 1 Woche in einem Appartement

Via Predefitte 31, I-25080 Puegnago (BS)
Tel. + Fax 0039 0365 555958
www.labasia.it, info@labasia.it

EINGELÖST AM

STEMPEL ODER UNTERSCHRIFT DES ANBIETERS

COOPERATIVA AGRICOLA – SAN FELICE DEL BENACO

10,00 €

Die Genossenschaft „San Felice del Benaco" gibt es seit 1946. Seit über 60 Jahren werden nur die besten Oliven der „Valtenesi" für die Gewinnung unseres DOP Öls verwendet. Die laufenden Neuerungen in der Verarbeitung, höchste Qualitätskontrollen der Oliven und die Frische der Frucht bei der Herstellung des Öls haben es uns ermöglicht, die Qualität ständig zu erhöhen. In unserem neuen Geschäft können Sie auch andere Produkte von den Moränischen Hügeln des Gardasees erwerben: Käse, Salami, Wein. Seit kurzer Zeit führen wir auch Bioprodukte: Marmeladen, Honig, Pasta und Soßen.

Gutschein im Wert von 10,00 €
bei einem Mindesteinkauf von 100,00 €

Via delle Gere 2, I-25010 San Felice del Benaco (BS)
Tel. + Fax 0039 0365 62341
coop_agr.sanfelice@libero.it

EINGELÖST AM

STEMPEL ODER UNTERSCHRIFT DES ANBIETERS

Gutscheine

CAMPING EDEN TOURISTIC VILLAGE – SAN FELICE DEL BENACO

15,00 €

In herrlicher Lage, reich an Tradition, Geschichte und Küche, direkt am See liegt der Camping Eden, eingetaucht in den Farben und Düften einer blühenden Natur. Ruhe, Natur und Unterhaltung werden hier im vollkommenen Gleichgewicht gehalten: der Camping Eden kann gleichzeitig einen entspannenden, aber auch aktiven Urlaub bieten. Unsere Gäste können aus verschiedenen Unterkunftsmöglichkeiten und Dienstleistungen wählen: Chalet, Mobilheime, Campingplätze mit sanitären Anlagen, Camperservice und Wäscherei. Das Feriendorf stellt den Gästen einen großen Park mit Garten, Restaurant-Pizzeria-Bar, Snack-Bar, Lebensmittelgeschäft, drei Swimmingpools, Wasserrutschen, Kinderspielplätze, Tennisplatz, Fußballfeld, Volley- und Basketfeld und Spielautomaten zur Verfügung.
NEUHEIT 2008: GOLFSIMULATOR

Gutschein im Wert von 15,00 €
bei einer Mindestrechnung von 150,00 €

Via Preone 45, I-25010 San Felice del Benaco (BS)
Tel. 0039 0365 62093, Fax 0039 0365 559311
www.camping-eden.it, mail@camping-eden.it

EINGELÖST AM

STEMPEL ODER UNTERSCHRIFT DES ANBIETERS

Gutscheine

VILLA SCHINDLER – MANERBA DEL GARDA 20,00 €

Umgeben von Zypressen und Oliven steht der ehemalige Landsitz Villa Schindler. Anna Brotto restauriert das Haus seit 1988 mit viel Liebe und einem Auge fürs Detail. Die Villa verfügt über neun romantische Zimmer und fünf Apartments, dazu eine wundervolle Terrasse mit Blick auf den See. Die Atmosphäre ist familiär und heiter, der Ausblick faszinierend – genießen Sie die Romantik eines alten Landsitzes.

Gutschein im Wert von 20,00 €
bei mindestens 5 Nächten im Doppelzimmer

Via Bresciani 68, I-25080 Manerba del Garda (BS)
Tel. 0039 0365 651046, Fax 0039 0365 554877
www.villaschindler.it, info@villaschindler.it

EINGELÖST AM

STEMPEL ODER UNTERSCHRIFT DES ANBIETERS

AGRITURISMO BEL DI BERTUSSI – RAFFA DI PUEGNAGO 5,00 €

Der in Raffa di Puegnago D/G gelegene Agritur bietet auf der einen Seite Ausblick auf das mit Hügeln und Dörflein durchwobene Hinterland, auf der anderen dominiert ein herrlicher Seeblick.
Einheimische Wurstwaren, frisch gemachte Pasta, Honig, Marmeladen, schmackhaftes Gemüse, Olivenöl und Wein gibt es im Familienbetrieb zu erwerben und im Restaurant zu verkosten.

Gutschein im Wert von 5,00 €
einer Mindestrechnung von 30,00 €

Via San Procolo 5, I-25080 Raffa di Puegnago (BS)
Tel. + Fax 0039 0365 654094
agriturismobel@libero.it

EINGELÖST AM

STEMPEL ODER UNTERSCHRIFT DES ANBIETERS

Gutscheine

AGRITURISMO MACESINA – BEDIZZOLE

60,00 €

Macesina ist ein kleiner Ortsteil von Bedizzole, wo die Zeit stehengeblieben ist und wo der hektische Lebensrhythmus der Moderne unbekannt ist. Der „Borghetto", ein typisches lombardisches Bauernhaus aus dem 15. Jahrhundert, hat seinen Namen vom Ort im Laufe der Zeit übernommen. In den letzten 5 Jahren wurde das Bauernhaus völlig restauriert. Daraus entstand der Agritourismus „Macesina", ein Tempel der Entspannung, des Wohlbefindens, der guten Lebensweise, wo Tradition, Kultur, Geschichte und moderne Komfortansprüche nebeneinander bestehen. Macesina verfügt über 5 Zimmer, bietet wenigen und ausgewählten Gästen Übernachtung mit Frühstück, Privatparkplatz, Wellness-Zentrum und ein großes Sortiment an typischen Produkten der landwirtschaftlichen Betriebe des Gebietes: Weine, Konfitüren, verschiedene Sorten von Honig und Mehl. Ringsherum das Grüne und die Ruhe eines Privatparks mit Schwimmbad, Obstbäumen, duftenden Sträuchern, Olivenbäumen und einer Entspannungsecke mit Teich und Gartenpavillon für die Lektüre. Von hier aus kann man die stille Ruhe des Brescianer-Landes genießen.

Gutschein im Wert von 60,00 €
für ein komplettes Abendessen für 2 Personen (Wein ausgeschlossen) bei einem Mindestaufenthalt von 5 Tagen

Via Borghetto 22, I-25081 Bedizzole (BS)
Tel. 0039 030 6871737, Fax 0039 030 6874661
www.macesina.it, info@macesina.it

EINGELÖST AM

STEMPEL ODER UNTERSCHRIFT DES ANBIETERS

Gutscheine

CALVINO GUSTO SUPREMO – PADENGHE

6,00 €

Der Agritur „Calvino Gusto Supremo" lässt, eingetaucht in eine Olivenhain-Ruheoase mit Seeblick, alle Produktionsphasen des Olivenöls sowie den Reifeprozess des Parmigiano Reggiano aus der Nähe erleben. Im Sommer können auf Vormerkung Aperitifs mit Spezialitäten aus eigener Produktion eingenommen werden.

Gutschein im Wert von 6,00 €
bei einem Mindesteinkauf von 60,00 €

Via Calvino 4, I-25080 Padenghe (BS)
Tel. + Fax 0039 030 9900451
www.calvingusto.it, calvingusto@tiscalinet.it

EINGELÖST AM

STEMPEL ODER UNTERSCHRIFT DES ANBIETERS

GARDAFLOR – PADENGHE

20,00 €

Gardaflor Leben und Wohnen im Grünen. Mit seiner langjährigen Erfahrung zeichnet sich das Unternehmen Gardaflor durch Professionalität und Kompetenz aus. Unsere Tätigkeit reicht von der Planung, Realisierung und Wartung von Gärten bis hin zum Verkauf von zugehörigen Produkten. Besichtigen Sie unser Unternehmenssitz mit seinem über 15.000 m² großen Ausstellungsgarten, in dem Sie ein umfangreiches und vielseitiges Angebot an Blumen, Garten- und Zimmerpflanzen, Bäumen, Bonsais, Vasen, Einrichtungsgegenständen, Dekorationsartikeln finden. Jeden Tag durchgehend geöffnet von 9 bis 19 Uhr. Wir liefern auch ins Ausland.

Gutschein im Wert von 20,00 €
bei einem Einkauf von 100,00 €

Gardaflor

Via Meucci 71, I-25080 Padenghe (BS)
Tel. 0039 030 9900472, Fax 0039 030 9903744
www.gardaflor.it, info@gardaflor.it

EINGELÖST AM

STEMPEL ODER UNTERSCHRIFT DES ANBIETERS

Gutscheine

TRATTORIA LA BETTOLA – LONATO DEL GARDA

60,00 €

Die Trattoria mit Übernachtungsmöglichkeiten befindet sich zentral gelegen zwischen der Valtenesi und Sirmione nahe am Gardasee. Sie bietet Zimmer in verschiedenen Kategorien, alle in einer neu gebauten Villa mit Garten und eigenem Parkplatz. Die Zimmer sind mit Klimaanlage, großen Bädern, Balkonen und im Winter mit einer individuell regulierbaren Heizung ausgestattet. Das Restaurant besticht durch seine bodenständige und regionale Küche mit modernem Touch.

Gutschein im Wert von 60,00 €
bei einem Aufenthalt von 2 Personen für mind. 5 Nächte im Doppelzimmer

Via Bettola 15, I-25017 Lonato del Garda (BS)
Tel. 0039 030 9130237, Handy 0039 339 3075079
www.bettola.net

EINGELÖST AM

STEMPEL ODER UNTERSCHRIFT DES ANBIETERS

STIFTUNG UGO DA COMO – LONATO DEL GARDA

2,00 €

Lonato del Garda: Besichtigen Sie die Burg Rocca und das Haus des Senators Da Como (1869–1941) im Stil des frühen 20. Jh. mit seinen 52.000 Werken (12. bis 20 Jh.) aus der umfassenden Bibliothek. Genießen Sie unvergessliche Momente im Restaurant der Stiftung.

Gutschein im Wert von 2,00 €
auf den Eintritt in die Burg und die Führung durch die Stiftung

Via Rocca 2, I-25017 Lonato del Garda (BS)
Tel. + Fax 0039 030 9130060
www.fondazioneugodacomo.it
info@fondazioneugodacomo.it

EINGELÖST AM

STEMPEL ODER UNTERSCHRIFT DES ANBIETERS

Gutscheine

LOCANDA SANTA GIULIA – LE TERRAZZE SUL LAGO – SPORTING GOLF HOTEL

75,00 €

Im Grünen der Valtenesi-Hügel eingebettet, bieten die Hotels „Locanda Santa Giulia", „Le Terrazze sul Lago" und das neu erbaute „Sporting Golf Hotel" (Eröffnung Juli 2008) seinen Gästen helle, gemütliche Räumlichkeiten, wo Tradition, Herzlichkeit und Gastfreundschaft zu Hause sind. Jedem Detail wird größte Aufmerksamkeit geschenkt, damit Sie sich wohl fühlen und den Komfort erleben können. Genießen Sie im Sommer Ihr Frühstück auf der Sonnenterrasse oder verbringen Sie einen romantischen Abend im Kerzenschein in unserem Restaurant, wo Sie neue Tafelfreuden entdecken können. Ihr leibliches Wohl ist uns ein wahres Anliegen. Die besten Golfplätze des Gardasees sind in wenigen Schritten erreichbar und wir helfen gerne Ihren Golfurlaub so angenehm wie möglich zu gestalten.

Gutschein im Wert von 75,00 €
(Bar & Restaurant) bei einer Übernachtung für 2 Personen im Doppelzimmer

LOCANDA SANTA GIULIA
Via Marconi 78, I-25080 Padenghe sul Garda (BS)
Tel. 0039 030 99950, Fax 0039 030 9995100
www.santa-giulia.it, info@santa-giulia.it

LE TERRAZZE SUL LAGO
Via Prais 2, I-25080 Padenghe sul Garda (BS)
Tel. 0039 030 9995911, Fax 0039 030 9995995
www.leterrazzesullago.it, info@leterrazzesullago.it

SPORTING GOLF HOTEL
Via Canestrelli, I-25080 Moniga del Garda (BS)
www.sporting-golf.it, info@sporting-golf.it

EINGELÖST AM

STEMPEL ODER UNTERSCHRIFT DES ANBIETERS

Gutscheine

NAUTICA BLEUGARDA – LONATO

40,00 €

Eine eigene Bootswerft am Gardasee, das war der Wunsch des Deutschen Michael Leithe schon als kleiner Junge. Ein Traum, der in Erfüllung ging. Er übernahm mit seiner Frau Sandra die Nautica Bleugarda in Lido di Lonato. Ein Sprung ins kalte Wasser, der sich als richtig erwies.

Die Nautica Bleugarda ist nicht nur unter den deutschen Touristen zum Inbegriff von Freundlichkeit, Dienstleistung und Fachkompetenz geworden. Ein eingespieltes, freundliches Team kümmert sich um alle Belange der Kunden.

Neben unserer Bootsvermietung bieten wir Ihnen den perfekten Service rund um Ihr Boot oder Ihre Yacht. Hierzu zählen Liege- und Hallenplätze, eine Hafenanlage mit Kran und Tankstelle sowie eine eigene Meisterwerkstatt für Wartung und Reparaturen.

Wir sind ein autorisierter Fachhändler für Boote der Marken Tony Giugliano, Performance, SeaRay, Bavaria Yachts, YAMAHA und Viper, sowie für die Motoren der Marken VOLVO PENTA und YAMAHA.

Gerne beraten wir Sie persönlich, egal ob Sie auf der Suche nach einem neuen oder gebrauchten Motorboot sind – wir finden das Richtige für Sie!

Gutschein im Wert von 40,00 €
bei einer Miete von mindestens 2 Tagen.
Bei höheren Beträgen immer 10% Rabatt

nautica bleugarda

Via Catullo 1, I-25017 Lonato (BS)
Tel. 0039 030 9120775, Fax 0039 030 9143210
www.bleugarda.com, info@bleugarda.com

EINGELÖST AM

STEMPEL ODER UNTERSCHRIFT DES ANBIETERS

Gutscheine

AGRITUR MONTECORNO – DESENZANO

8,00 €

2 km von der Autobahnausfahrt Desenzano und nur 800 m vom Ortszentrum entfernt liegt der Agritur „Montecorno“ mit einem herrlichen Ausblick auf den Gardasee.
Die Inhaber Pier und Monica bewirten ihre Gäste mit einer schlichten Küche aus naturreinen und unverfälschten Produkten. Der Chef empfiehlt die echten, in den riesigen Parmesan-Laiben flambierten Makkaroni und das einheimische Grillfleisch mit hausgebrautem Bier.

Gutschein im Wert von 8,00 €
(eine Flasche Wein) bei einer Mindestrechnung
von 40,00 €

Via Belvedere 2, I-25015 Desenzano (BS)
Tel. + Fax 0039 030 9990388
www.agriturismomontecorno.it
info@agriturismomontecorno.it

EINGELÖST AM

STEMPEL ODER UNTERSCHRIFT DES ANBIETERS

LA BETTOLA DEI POVERI – DESENZANO

10,00 €

In einem gemütlichen und familiären Ambiente stehen traditionelle Gerichte mit hausgemachten warmen Vorspeisen und auserlesenen Grillfleischtellern in reicher Auswahl bereit. Das umfassende Käse- und Wurstwarensortiment, exzellente Balsamico-Sorten und über 100 Weinetiketten runden das Angebot ab. Ganzjährig geöffnet.

Gutschein im Wert von 10,00 €
bei einer Mindestrechnung von 30,00 €

Via G. di Vittorio 25, I-25015 Desenzano (BS)
Handy 0039 339 5781863
labettoladijack@alice.it

EINGELÖST AM

STEMPEL ODER UNTERSCHRIFT DES ANBIETERS

Gutscheine

FRANCIACORTA OUTLET VILLAGE – RODENGO SAIANO *10 %

Das Franciacorta Outlet Village befindet sich in Rodengo-Saiano in der Provinz Brescia und damit im Herzen der Franciacorta, dem namhaften, für seine berühmten DOCG-Schaumweine bekannten Weingebiet.

Das ideale Ziel für Shopping zu günstigen Preisen für alle, die Wert auf Qualität legen, dank der spezifischen „Outlet-Formel". 160 Outlet-Geschäfte mit den besten Marken der italienischen und internationalen Mode; so erfüllen sich Ihre Wünsche mit echtem Rabatt bis zu 70%. Jeden Tag von 10 bis 20 Uhr durchgehend geöffnet.
Eine elegante Umgebung, in dem Sie Mode, Accessoires, Heimtextilien, Schuhe und vieles andere mehr kaufen können. Promenaden, Bars, Restaurants, Eisdielen und ein Kinderspielplatz runden das Angebot ab.

Bei Vorlage dieser Anzeige am Infopoint erhalten Sie exklusiv das Coupon Book mit zahlreichen Rabatten

FRANCIACORTA
OUTLET VILLAGE

*** Rabatt von ca. 10% in ausgewählten Geschäften***

Anfahrt: Autobahn A4 -> Ausfahrt Ospitaletto -> Rodengo-Saiano (BS).

www.franciacortaoutlet.it, INFO: 0039 030 6810364

EINGELÖST AM

STEMPEL ODER UNTERSCHRIFT DES ANBIETERS

Gutscheine

SELVA CAPUZZA – SAN MARTINO DELLA BATTAGLIA

20,00 €

Selva Capuzza ist ein Landgut bestehend aus circa 50 Hektar Anbaugebiet, das überwiegend als Weinanbaugebiet genutzt wird, aber auch zur Saat für Trüffel und Oliven geeignet ist. In der Haltung findet man die „Cascina Capuzza", die „Kantine Colli a Lago" und den „Landtourismus" im Dorf Borgo San Donino.

Ein zehnminütiger Spaziergang führt Sie über Wiesen und Weingärten, Trüffelbepflanzungen mit ihren Eichen, Weißbuchen und Haselnusssträuchern, den Ölbaumwald von der Molkerei Capuzza bis zum Dorf Borgo San Donino.

Die Menükarte des Restaurants setzt sich aus wenigen auserlesenen Speisen zusammen, die je nach Saison variieren. Die Weine des Landguts, die hier direkt vor Ort verarbeitet werden, stehen selbstverständlich auch zur Verkostung frei.

Im Landgut stehen 11 möblierte Wohnungen inkl. einem großem Schwimmbad zur Verfügung. Die Möbel sind von den Besitzern selbst entworfen und handgefertigt.

Gutschein im Wert von 20,00 €
(Weineinkauf oder Restaurant) bei einer
Mindestrechnung von 100,00 €

Loc. Selva Capuzza
I-25010 San Martino della Battaglia (BS)
Tel. 0039 030 9910279
www.selvacapuzza.it, info@selvacapuzza.it

EINGELÖST AM

STEMPEL ODER UNTERSCHRIFT DES ANBIETERS

Gutscheine

ANTICA TRATTORIA LA SPERANZINA – SIRMIONE

26,00 €

Ein typisch italienisches Lokal mit einer besonderen Atmosphäre, wo jedes Detail liebevoll ausgewählt ist. Die einmalige Lage innerhalb der alten Stadtmauern von Sirmione mit herrlichem Blick auf den See und die gemütliche Atmosphäre werden Ihren Besuch unvergesslich machen. Unsere Philosophie ist es, unsere Gäste all die Liebe und Professionalität spüren zu lassen, die wir in unsere Aufgaben legen. Auch in den kleinsten Dingen werden Sie die Sorgfalt bemerken, jede Speise entsteht durch eine gekonnte Mischung aus Tradition und Innovation. Unsere Speisen bewahren das Aroma aller Zutaten, sind aber für den Gaumen delikater, das erlaubt Ihnen jede Geschmacksnuance voll zu genießen. Die Präsentation ist den Ästheten der Kochkunst gewidmet. Jeder gastronomische Vorschlag hat seine eigene choreografische Präsentation, die die Einzigartigkeit des Gerichtes unterstreicht.
Ganzjährig geöffnet.
In der Zeit von November bis März Montag Ruhetag.

Gutschein im Wert von 26,00 €
für 2 Desserts bei einer Mindestrechnung für 2 Personen in Höhe von 140,00 €

Via Dante 16, I-25019 Sirmione (BS)
Tel. 0039 030 9906292
www.lasperanzina.it, info@lasperanzina.it

EINGELÖST AM

STEMPEL ODER UNTERSCHRIFT DES ANBIETERS

Gutscheine

HOTEL CATULLO – SIRMIONE

72,00 €

Das Hotel Catullo liegt im Herzen der Altstadt von Sirmione innerhalb der verkehrsfreien Zone. Die 56 Zimmer sind mit modernstem Komfort ausgestattet und teilweise mit Blick zum See. Unsere Gäste können im wunderschönen Garten, der sich in ruhiger Lage direkt am See befindet, die Schönheiten von Kultur und Natur auf sich wirken lassen.

Gutschein im Wert von 72,00 €
für 2 Eintritte ins Aquaria von Sirmione (Wellnesszentrum) bei einem Aufenthalt von mind. 4 Nächten im Doppelzimmer

Piazza Flaminia 7, I-25019 Sirmione (BS)
Tel. 0039 030 9905811, Fax 0039 030 916444
www.hotelcatullo.it, info@hotelcatullo.it

EINGELÖST AM

STEMPEL ODER UNTERSCHRIFT DES ANBIETERS

TENUTA SAN LEONE – VALEGGIO SUL MINCIO

10,00 €

Das Weingut San Leone liegt an den Ufern des Mincio, in einer von Moränenhügeln und dem Gardasee geprägten Landschaft, und bringt die Agrarerzeugnisse Wein, Grappa, Honig, Olivenöl und Essig hervor. Technisch gut ausgestattete, einladende Räume, Degustationssaal, Führungen, Weinkundemuseum und Picknick-Area (täglich geöffnet von 9–19 Uhr).

Gutschein im Wert von 10,00 €
bei einem Mindesteinkauf von 100,00 €

Loc. Monte Salionze 37
I-37067 Valeggio sul Mincio (VR)
Tel. + Fax 0039 045 7945008
www.sanleone.net, info@sanleone.net

EINGELÖST AM

STEMPEL ODER UNTERSCHRIFT DES ANBIETERS

Gutscheine

WWWIND SQUARE – MALCESINE

40,00 €

Nördlich von Malcesine befindet sich das größte Wassersportcenter des Gardasees: WWWind Square, geführt von Hermann Stricker. Hier finden sie das umfangreichste Sportangebot: 80 Windsurfboards und Segel, 10 Katamarane HOBIE CAT und 20 verschiedene Segelyachten von Schwert-, Kieljollen, Regatta- und Kajütyachten Bénétéau First 31.7 und First 211. Für Sie zum Mieten und zur Fortbildung.
Geschult wird nach den Richtlinien des VDWS Verband der Deutschen Wassersportschulen.
Alle Einsteigerkurse, egal ob Windsurfen, Segeln oder Katamaran, können mit dem Grundschein-Diplom-Abschluss erworben werden.
Die regelmäßigen Gardaseewinde Vento und Ora, garantieren hier Erfolg und Erlebnis pur.
Fragen Sie nach unseren Sonderangeboten für Familien. NEU: Schnupperkurse, Privatstunden, Mitsegelgelegenheiten.

Gutschein im Wert von 40,00 €
beim Besuch eines Kurses mit Diplomabschluss
oder bei einer Mindestrechnung von 200,00 €

Via Gardesana 374, I-37018 Malcesine (VR)
Tel. + Fax 0039 045 7400413
Handy 0039 335 8275300
www.wwwind.com, info@wwwind.com

EINGELÖST AM

STEMPEL ODER UNTERSCHRIFT DES ANBIETERS

Gutscheine

LOCANDA BAITA DEI FORTI & ALBERGO SAN REMO – MALCESINE

38,00 €

Die Familie Menotti bietet Ihnen einen abwechslungsreichen Sporturlaub an. Sie verbringen drei Tage im Albergo San Remo in Malcesine am Seeufer und dann drei Tage in der Locanda Baita dei Forti auf 1790 m Höhe am Monte Baldo. So können Sie gleichzeitig am See und am Berg sechs wunderschöne Urlaubstage genießen.

Gutschein im Wert von 38,00 € bei einer Buchung von 2 Personen im Doppelzimmer für das obengenannte Paket

Gasthof-Albergo San Remo
Via Gardesana 440, I-37018 Malcesine (VR)
Tel. 0039 045 7400239, Fax 0039 045 6570461
www.albergosanremo.it
info@albergosanremo.it

EINGELÖST AM

STEMPEL ODER UNTERSCHRIFT DES ANBIETERS

HOTEL RESTAURANT CASSONE – CASSONE

30,00 €

Das Hotel liegt direkt an der Quelle des Aril, dem kürzesten Fluss der Welt. Zum Gardasee sind es nur wenige hundert Meter. Unsere Zimmer verfügen über modernsten Komfort inklusive Privatparkplatz. In unserem für italienische und traditionelle Küche bekannten Restaurant servieren wir hausgemachte Nudeln und Fischspezialitäten. Ganzjährig geöffnet.

Gutschein im Wert von 30,00 € (Restaurant) für 2 Personen bei einem Mindestaufenthalt von 3 Tagen im Doppelzimmer

Via Gardesana, I-37018 Cassone (VR)
Tel. + Fax 0039 045 6584197
www.hotelcassone.com, info@hotelcassone.com

EINGELÖST AM

STEMPEL ODER UNTERSCHRIFT DES ANBIETERS

Gutscheine

BELFIORE PARK HOTEL & HOTEL EDEN – PORTO DI BRENZONE

50,00 €

Am Fuße des Monte Baldo finden Sie unsere Hotels in einer der schönsten Lagen in einem 9000 m² großen, parkähnlichen Olivenhain. Das Belfiore Park Hotel liegt unmittelbar am Strand. Unser Hotel Eden liegt gegenüber und bietet einen phantastischen Ausblick auf den See.
Komfortable Zimmer mit Dusche/WC, Telefon, Safe, Sat-TV, Klimaanlage, Minibar und Balkon mit Seeblick erwarten Sie. Für Ihre Erholung bieten Ihnen unsere Häuser ein beheiztes Schwimmbad, Sauna, UVA-Solarium, Unterwassermassage u.a. Nicht weit von unseren Hotels können Sie verschiedene Sportarten ausüben: Segeln, Schwimmen, Angeln, Wasserski, Tauchen, Paragliding, Klettern oder Mountainbiken.
Schöne Wanderungen wie auf den Monte Baldo, Fahrten nach Verona, Venedig, Mailand oder in die Dolomiten mit direkter Abfahrt beim Hotel können bei uns gebucht werden.
Genießen Sie unsere Panoramaterrasse und lassen Sie sich mit Spezialitäten verwöhnen. Im Hotel Eden und im Belfiore Park Hotel werden Sie sich wie zu Hause fühlen. Die Familie Consolini freut sich, Sie als Gast begrüßen zu dürfen.

Gutschein im Wert von 50,00 €
pro Person für Getränke
bei einem Mindestaufenthalt von 1 Woche

hotel Belfiore hotel Eden

Via Zanardelli 6, I-37010 Porto di Brenzone (VR)
Tel. 0039 045 7420102, Fax 0039 045 7420653
www.consolinihotels.it, info@consolinihotels.it

EINGELÖST AM

STEMPEL ODER UNTERSCHRIFT DES ANBIETERS

Gutscheine

KORB- UND SESSELLIFT PRADA MONTE BALDO – SAN ZENO DI MONTAGNA

6,00 €

Die Seil- und Sesselbahn von Prada ist das beste Mittel, um von Süden her auf den Monte Baldo (2218 m) zu gelangen. Oben erwartet Sie auf einer Sonnenterrasse ein atemberaubender Blick auf den Gardasee und die umliegenden Berge.
Der Montebaldo bietet von ruhigen Spaziergängen über anspruchsvolle Wanderungen hin zu Mountainbike-Touren alles was das Herz begehrt.

Gutschein im Wert von 6,00 €
bei 2 zahlenden Personen (jede zusätzliche Person erhält 3,00 € Rabatt

Via Prada 33, I-37010 San Zeno di Montagna (VR)
Tel. + Fax 0039 045 7285662
www.gardabaldo.eu, info@pradamontebaldo.it

EINGELÖST AM

STEMPEL ODER UNTERSCHRIFT DES ANBIETERS

RESTAURANT LA GONDOLA – GARDA

60,00 €

Das Lokal liegt im Zentrum von Garda nur 100 Meter vom Strand entfernt. Unsere vier Zimmer sind mit modernem Komfort ausgestattet und teilweise mit Terrasse mit Blick auf den See. Im Restaurant servieren wir ausschließlich fangfrischen Gardaseefisch auf traditionelle und einheimische Art zubereitet. Wir haben ganzjährig geöffnet.
Öffnungszeiten: 12–14.30 Uhr und 19–22 Uhr.

Gutschein im Wert von 60,00 € (Gardasee-Fisch-Menü) für zwei Personen bei einem Mindestaufenthalt von 3 Tagen im Doppelzimmer

Corso Italia 23, I-37016 Garda (VR)
Tel. 0039 045 7255713, Fax 0039 045 7255665

EINGELÖST AM

STEMPEL ODER UNTERSCHRIFT DES ANBIETERS

Gutscheine

RESTAURANT LE GUARDIE – COSTERMANO

10,00 €

Das Restaurant liegt in einer zauberhaften Panoramalage. Elegant und komfortabel, aber auch schlicht und familiär bietet es ein einladendes Ambiente mit einheimischer und italienischer Küche; auch für Gruppenveranstaltungen. Es ist einfach erreichbar, 5 km von der Autobahnausfahrt Affi und 1 km von der Ortschaft Garda entfernt.
Ganzjährig geöffnet.

Gutschein im Wert von 10,00 €
bei einer Mindestrechnung von 50,00 €

Via Guardie 6, I-37010 Costermano (VR)
Tel. + Fax 0039 045 6200982
claudioboccarello@libero.it

EINGELÖST AM

STEMPEL ODER UNTERSCHRIFT DES ANBIETERS

CANTINA VALPOLICELLA NEGRAR – NEGRAR

7,00 €

Die 1933 gegründete Genossenschaft leitet und unterstützt mit önologischer Fachkenntnis die Produktion von 200 Weinbauern. International beliebt sind unsere Amarone, Valpolicella und Recioto Weine.

Gutschein im Wert von 7,00 €
bei einem Mindesteinkauf von 100,00 €

Wineshops:
Cavaion V. SE (VR) *s. strada per Bardolino, Loc. Villa*
Tel. 0039 045 6261453
Negrar (VR)
Via Cà Salgari 2, I-37024 Negrar (VR)
Tel. 0039 045 7502121
www.cantinanegrar.it, info@cantinanegrar.it

EINGELÖST AM

STEMPEL ODER UNTERSCHRIFT DES ANBIETERS

Gutscheine

RESTAURANT LA LOGGIA RAMBALDI – BARDOLINO

10,00 €

Elegantes Gebäude aus dem 16. Jh. direkt am Hafen von Bardolino. Für all jene Restaurantliebhaber, die Wert auf Gastlichkeit und Freundlichkeit in einem stilvollen Ambiente legen. Ganzjährig bieten wir Fleisch und Fisch, Gerichte der regionalen und italienischen Küche mit saisonalen Akzenten an.

Gutschein im Wert von 10,00 €
bei einer Mindestrechnung von 65,00 €

Piazza Principe Amedeo 7
I-37011 Bardolino al Porto (VR)
Tel. + Fax 0039 045 6210091
www.laloggiarambaldi.it, info@laloggiarambaldi.it

EINGELÖST AM

STEMPEL ODER UNTERSCHRIFT DES ANBIETERS

COLOR HOTEL – BARDOLINO

100,00 €

Das Color Hotel in Bardolino, ein kreatives Hotel mit besonderem Charme, wo Design, Farbenpracht und originelle Details zusammen kommen. Zimmer, Suites und Interieure sind nach der Cromotherapie renoviert worden und haben das Color Hotel zu dem einzigen Style Design Hotel am Gardasee gemacht.
Gültigkeit des Gutscheins: Hauptsaison (15.5.–20.9.)
Feiertage und Messetermine ausgeschlossen.

Gutschein im Wert von 100,00 €
bei einem Mindestaufenthalt von 4 Nächten

Via S. Cristina 5, I-37011 Bardolino (VR)
Tel. 0039 045 6210857, Fax 0039 045 6212697
www.colorhotel.it, info@colorhotel.it

EINGELÖST AM

STEMPEL ODER UNTERSCHRIFT DES ANBIETERS

Gutscheine

MÖBELHAUS TECNORAMA – CISANO DI BARDOLINO **40,00 €**

Cassina

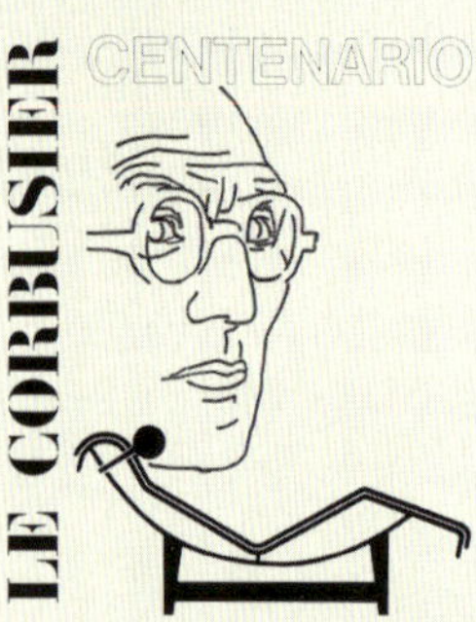

Man möchte meinen, man sei in einer Villa zu Gast – wir befinden uns aber im Ausstellungsraum von Tecnorama, einem Möbelhaus, das seit der Gründung im Jahr 1948 seine exklusiven Produkte von bekannten Architekten entwerfen lässt. Mit über 50 Jahren Erfahrung ist Tecnorama einer der besten Möbelproduzenten weit und breit. Die Besucher bewegen sich frei und auf eigene Faust durch die Ausstellungssalons und werden bei Bedarf von Experten beraten. Die Palette wird durch Produkte der hier angeführten Lieferanten ausgezeichnet ergänzt. Erstklassige Produktion und sorgfältige Wahl der Materialien machen Tecnorama zum idealen Ansprechpartner für Einrichtung mit Klasse.

Cassina
Fontana Arte
Kartell
Knoll
VENINI
Artemide
zanotta

Gutschein im Wert von 40,00 €
bei einem Mindesteinkauf von € 500,00 (bei höheren Beträgen immer 8%)

I-37010 Cisano di Bardolino (VR), Tel. 0039 045 6229061
tecnoramarredamenti@libero.it

EINGELÖST AM

STEMPEL ODER UNTERSCHRIFT DES ANBIETERS

Gutscheine

ÖLMUSEUM – CISANO DI BARDOLINO

5,00 €

Die Ölmühle des ländlichen Handwerks zu Beginn der industriellen Technologie: das ist der Leitfaden des ÖLMUSEUMS, das im Frühjahr 1988 von Umberto Turri eröffnet wurde. Das Betriebsmuseum ist die erste Initiative dieser Art in Italien und wird jedes Jahr von durchschnittlich 50.000 Besuchern aufgesucht. Es handelt sich dabei um ein Ambiente, das sich über mehrere Jahrhunderte mit dem Bedürfnis gemessen hat, aus einer derart wertvollen Frucht ein Lebensmittel von wesentlicher Bedeutung zu gewinnen.

Ausgestellt werden antike, unbekannte Instrumente, die in den Ölmühlen von 1700 bis Anfang 1900 verwendet wurden, und in den verschiedenen Epochen verwendete Gegenstände und Geräte.

Es fallen vor allem eine mächtige Hebelpresse aus Eichenholz, eine funktionierende Ölmühle mit Wasserantrieb und andere sehr originelle Pressen aus Holz und Eisen auf. In einer entsprechenden Abteilung wird mit Hilfe von didaktischen Tafeln und Videos vom Olivenbaumanbau und der Ölproduktion berichtet.

Gutschein im Wert von 5,00 €
bei einem Mindesteinkauf von 50,00 €

Via Peschiera 54, I-37011 Cisano di Bardolino (VR)
Tel. 0039 045 6229047, Fax 0039 045 6229024
www.museum.it, info@museum.it

EINGELÖST AM

STEMPEL ODER UNTERSCHRIFT DES ANBIETERS

Gutscheine

LOS LOCOS BIKE SHOP – LAZISE

10,00 €

Verkauf, Wartung, Reparatur und Vermieten von Renn- und Fahrrädern, sowie Mountainbikes. Wir organisieren geführte Ausflüge und können Ihnen alle möglichen Ersatzteile und professionelle Bekleidung anbieten. Wir haben von April bis September durchgehend täglich geöffnet. Unser Geschäft ist auch Sitz des Fan-Clubs des dänischen Champion Michael Rasmussen und liegt direkt auf der Gardesana mit leichter Zufahrt zu mehreren Fahrradwegen und eigenem Parkplatz.

Gutschein im Wert von 10,00 €
für eine Dienstleistung oder Einkauf ab 50,00 €

Via Casara di Sotto 20, I-37017 Lazise (VR)
Tel. + Fax 0039 045 7581349
www.loslocosbikeshop.com
info@loslocosbikeshop.com

EINGELÖST AM

STEMPEL ODER UNTERSCHRIFT DES ANBIETERS

AZIENDA AGRICOLA BERGAMINI – COLÀ DI LAZISE

10,00 €

Unser Agriturbetrieb stammt aus dem Jahr 1904 und liegt in der Moränenhügellandschaft des Gardasees, die seit der Antike als eines der besten Weinbaugebiete gilt. Die umweltverträgliche und nach den jahrhundertealten, bäuerlichen Traditionen gepflegte Produktion bringt Weine hervor, die unsere Familiengeschichte widerspiegeln und die Wertschätzung unserer Kunden genießen.

Gutschein im Wert von 10,00 €
bei einer Mindestrechnung von 100,00 €

Località Ca' Nova, I-37017 Colà di Lazise (VR)
Tel. + Fax 0039 045 6490407
www.bergaminivini.it, bergamini@email.it

EINGELÖST AM

STEMPEL ODER UNTERSCHRIFT DES ANBIETERS

Gutscheine

RISTORANTE AL FORTE – PASTRENGO

10,00 €

Das Ristorante al Forte wurde in einem österreichischen Fort aus dem Jahr 1860 zu Zeiten des 3. Unabhängigkeitskrieges erbaut und ist ideal für Candle-Light-Dinners in kleinen, intimen Räumen oder größeren Sälen. Das behagliche Ambiente bietet einheimische Fleisch- und Fischgerichte aus vorwiegend bodenständigen Produkten. Unsere Hauptgericht-Spezialität ist das Florentiner Rumpsteak. Köstliche, hauseigene Desserts runden das Menü ab. Große Auswahl an einheimischen und italienischen Weinen.
Montag und Dienstag mittags geschlossen.

Gutschein im Wert von 10,00 € pro Person
bei einer Mindestrechnung von 30,00 €

Loc. Telegrafo 1, I-37010 Pastrengo (VR)
Tel. + Fax 0039 045 7170683
www.ristorantealforte.com
info@ristorantealforte.com

EINGELÖST AM

STEMPEL ODER UNTERSCHRIFT DES ANBIETERS

HOTEL ITALIA – VERONA

70,00 €

Komfortabel, klassisch, ausgezeichnet in den alten Ansitz integriert, perfekt gelegen – vom Hotel Italia aus erreichen Sie in wenigen Minuten alle Sehenswürdigkeiten: den Obstmarkt, den Dom, das römische Theater, Piazza Brà, verschiedene Museen. Auch das Krankenhaus „Borgo Trento" liegt nicht weit entfernt von hier. Zimmer mit Bad, Minibar, Föhn, Klimaanlage, Safe, Internetanschluss und TV.

Gutschein im Wert von 70,00 €
für einen Mindestaufenthalt von 3 Tagen
im Doppelzimmer für 2 Personen

Via Mameli 58, I-37126 Verona (VR)
Tel. 0039 045 918088, Fax 0039 045 8348028
www.hotelitaliaverona.it
info@hotelitaliaverona.it

EINGELÖST AM

STEMPEL ODER UNTERSCHRIFT DES ANBIETERS

Abendstimmung über den Gardasee

Bildnachweis: Tappeiner AG, Airphoto Service,
© Archivio fotografico Castello Buonconsiglio Monumenti e collezioni provinciali, Trento (S. 164–165, 166, 167, 184); Ambientech S.r.l. (S. 73, 86, 95); Associazione culturale Benacus (S. 224, 225); Associazione Strada del Franciacorta (S. 118, 119); Associazione Strada del Vino Soave, Paolo Menapace, Presidente (S. 200, 201); Canevaworld Resort (S. 158, 159),
Consorzio di Promozione Turistica Verona Tuttintorno (S. 47, 186–187, 188 ff., 196, 197, 202 ff.); Consorzio Tutela Vino Bardolino (S. 98–99, 100, 116, 117); Diving Porto Moniga, Marco Carrara (S. 18–20); Fondazione Andrè Heller (S. 148, 149); Fondazione Ugo da Como (S. 50); Frantoio Montecroce (S. 106); Gardaland s.r.l. (S. 154, 155); Giardino Botanico Alpino Viotte (S. 172); Hans Dosser (S. 163); Ingarda Trentino Azienda per il turismo S.p.A (S. 54–55, 111, 218, 219, 222, 223); Liberavventura (S. 24, 25, 29); MART, Museo di Arte Moderna e Contemporanea di Trento e Rovereto (S. 176); Montebaldogarda società consortile a r.l. (S. 64, 65, 208–209, 212–214, 227, 230–231); Motonavi Andes Negrini, Emma Negrini (S. 46); Museo Civico di Rovereto, A. Bertolli (S. 183); Museo dell'Aeronautica Gianni Caproni (S. 170, 171); Museo delle Palafitte del Lago di Ledro (S. 146); Museo Nicolis (S. 198, 199); Parco Giardino Sigurtà (S. 160, 161); Selva Capuzza (S. 102); Spiaggia Rimbalzello – Salò (S. 10–11); Strada dei Vini e dei Sapori del Garda (S. 103, 108, 109, 114); Strada dei Vini d dei Sapori del Garda, Silvia Pedrotti (S. 115); Strada del Vino e dei Sapori – Trento (S. 175); Strada del Vino e dei Sapori – Trento, R. Magrone (S. 174); Terrazza dell Stelle del Monte Bondone (S. 173); Trentino S.p.A., Daniele Lira (S. 178, 180, 181, 182); Trentino S.p.A., Luca Monelli (S. 177, 179); Villa dei Cedri (S. 156, 157); Water Ski Center – Bardolino, Herbert Planatscher (S. 20–23); waterproof srl (S. 16, 17); www.centomiglia.it (S. 31, 37, 216, 217); www.gardaonbike.com (S. 60, 74, 75); www.lagodigardamagazine.com (S. 28, 32–33, 43, 48, 49, 66, 67, 87, 107, 134, 150, 153, 211, 220, 221); WWWind Square High (S. 30) sowie weitere Bilder aus dem Privatbesitz der Inserenten.

Inserate: Archivio Franciacorta Outlet Village (S. 260); Archivio Museo Civico di Rovereto (S. 236); DOB Designer Outlet Brennero (S. 232); Fotostudio Rapuzzi, Brescia (S. 256 u.); Giorgio Deflorian (S. 235 o.); Liberavventura (S. 245 o.); Michele Capretti (S. 244); Montebaldogarda società consortile a r.l. (S. 267 u.); Selva Capuzza (S. 261); Tappeiner AG (S. 238); WWWind Square High (S. 264) sowie weitere Bilder aus dem Privatbesitz der Inserenten.

Tipps: Archivio Museo Civico di Rovereto (S. 179); Azienda per il Turismo Trento, Monte Bondone, Valle dei Laghi (S. 167, 173, 177, 185); Frantoio Montecroce (S.107); Ronny Kiaulehn (S. 17) sowie weitere Bilder aus dem Privatbesitz der Inserenten.

Gesamtherstellung: Tappeiner AG, Lana (BZ); Italien
www.tappeiner.it

Printed in Italy

ISBN 978-88-7073-428-7

TAPPEINER.